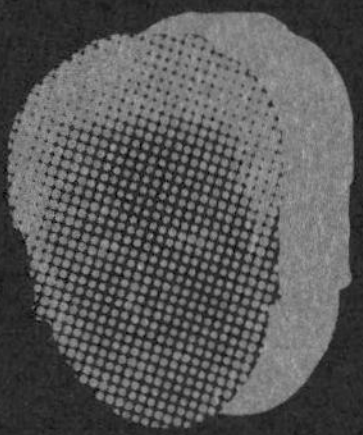

政治家秘書 裏工作の証言

松田賢弥
Matsuda Kenya

さくら舎

はじめに

二〇一一年一一月一四日、千葉県白井市にある建設会社「S社」の総務担当者・一色武らは甘利明《あまりあきら》TPP大臣と面会するため大臣室を訪れた。一色が証言する。

「うちの社長が、桐の箱に入ったとらやの羊羹と一緒に紙袋の中に、封筒に入れた現金五十万円を添えて、『これはお礼です』と言って甘利大臣に手渡しました。紙袋を受け取ると、清島所長が大臣に何か耳打ちしていました。すると、甘利氏は『ああ』と言って五〇万円の入った封筒を取り出し、スーツのポケットにしまったのです」

清島健一は甘利の公設第一秘書で、甘利が地元（神奈川県大和市）に構える大和事務所の所長でもある。その事務所で、一色が甘利と会ったのは一四年二月一日のことだった。再び一色が言う。

「そして所長が『一色さん、例のものを』と小声で言うので、私は現金五〇万円が入った封筒を差し出しました。甘利さんは『ありがとう』と言って、封筒を受け取りました」

「週刊文春」（二〇一六年一月二八日号）が報じた「TPP立役者に重大疑惑『甘利大臣に賄

賂一二〇〇万円を渡した』実名告発」によると、前述の「S社」総務担当者・一色は、「甘利事務所の力を借りるため、金銭提供や飲食接待に一二〇〇万円をつぎ込んだ」などと赤裸々に証言。

記事は、都市再生機構（UR）の道路工事に絡み、「S社」が多額の補償金を得るため甘利側に口利きを依頼。一三〜一四年、①公設秘書に五〇〇万円持参、②甘利本人に計一〇〇万円手渡し、③自分と会社名義で計一〇〇万円を寄付したが、政治資金収支報告書には計二五〇万円の記載しかない、と報じた。

衝撃的な内容だった。このままでは政治家や秘書の口利きを禁じた「あっせん利得処罰法」や、政治資金規正法に違反する可能性が多分にあった。しかし甘利は自分が大臣を辞任することで、安倍政権と自身の延命策に出る。

甘利は一月二八日、記者会見し自身が「S社」から二度にわたり計一〇〇万円授受したことを認め、一方秘書は同社から五〇〇万を受け取り、うち三〇〇万円を私的に流用、その秘書らが「S社」とURの補償交渉で口利きをしたのではないかという疑惑は否定――などとしてこう述べた。

「たとえ私自身は知らなかったとはいえ、（秘書に）責任転嫁はできない。政治家としての美学、生き様に反する。安倍政権の障害になることは忍びない」

会見で甘利は「秘書が、秘書が」などと秘書を連発しながらも、秘書になすりつけるのは「美学に反する」と浪花節のモードに持ち込むことで疑惑を封じたのである。つまり、自身のバッジを守るために事実上、秘書にかぶせて肉を切ったのだった。大筋では政治資金収支報告書虚偽記載の小渕優子と同じパターンで逃げ切ったと言えよう。

さらに優子と共通しているのは甘利自身、苦労知らずの典型的な世襲議員だったことだ。甘利の父・正（九二年没）は七六年の総選挙を前に結成された新自由クラブに参加。建設委員長を歴任したものの八三年に政界を引退し、息子で秘書の明に地盤を譲った。正は、自民党の重鎮だった河野一郎（神奈川県出身）の「代貸し」と呼ばれ、後を継いだ明は戦国時代の武将武田信玄に仕えた一人、甘利虎泰《とらやす》の末裔《まつえい》という逸話が残っている。新自由クラブの元同僚はこう言う。

「甘利明には毛並みがいいという甘さが昔から随所に見られた。現金授受の場に国会議員がいてはならないことだし、ましてやその場に大臣室を使うなどとても考えられない」

「政治とカネ」の問題は古いテーマだが、必ず秘書らが絡み、そして政治家は秘書に押しつけることで乗り切るのが依然、常套手段である。その体質は、いつまでも変わることがない。

目次◆政治家秘書　裏工作の証言

小渕一族のＮＴＴドコモ株疑惑

第三章　陰の実像

竹下登と森喜朗の秘書

金丸信と竹下登の決裂理由

実力派・野中広務の道程

小泉総理秘書の暗躍

政治家秘書　裏工作の証言

第一章　裏金工作

小沢一郎の一三億円

経世会の巨額資金

「私は小沢の指示で、派閥・経世会《けいせいかい》（竹下派）から（世田谷区深沢の）小沢邸まで派閥のカネ一三億円を車で運びました。それには当時、派閥の金庫の鍵を預かっていた八尋事務局長と小沢夫人の和子さんも関わっています」

驚愕の事実を明かしたのは小沢一郎《おざわいちろう》の元秘書・髙橋嘉信《たかはしよしのぶ》だ。髙橋は最側近の秘書として二〇年の長きにわたり小沢に仕え、その表と裏の顔を知り尽くす人物である。

一九九二年当時、自民党最大派閥であった経世会。その一〇〇名を超える派閥の巨額資金が、小沢一人の指示のもと、彼の私邸へゴッソリと密かに運び込まれたのである。権力闘争の中枢である永田町の長い歴史の中でも稀に見る事件である。

髙橋の証言を紹介するのは過去の隠された出来事を蒸し返すためだけではない。検察が追及してきた小沢のカネを巡る問題の原点とも言うべき事件だからだ。小沢の資金管理団体「陸山《りくざん》会《かい》」の四億円の土地取引事件で東京地検特捜部は二〇一〇年五月二一日、小沢を再び「嫌疑不十分」で不起訴にした。

後で詳しく述べるが、髙橋はその捜査の過程で派閥の巨額なカネを運び出した経緯を特捜部に供述している。問題の四億円の土地購入の原資は、この一三億円と深く繋がっていると髙橋は考えているからだ。しかし特捜部は「陸山会」の四億円がゼネコンからの裏ガネという見方にこだわったからなのか、その証言を調書に取らなかったという。

一三億円の「略奪事件」がいつ、どのようにして行われたのか――。髙橋の生々しい証言に入る前に、当時の小沢を取り巻く状況に若干触れておきたい。

金丸信《かねまるしん》自民党副総裁が東京佐川急便から五億円ものヤミ献金を受け取っていたことが発覚したのは九二年八月。その後、金丸は突然記者会見を開き五億円のヤミ献金の事実を認め、副総裁を辞任し経世会会長も退く意向を示した。当時、会長代行の地位にあり、金丸から「イッちゃん」と最も可愛がられた小沢はヤミ献金問題の収拾に乗り出すが、派閥協議もせずに小沢は独断で金丸の会見を設定。あたかも経世会を乗っ取ろうかとする小沢の蠢動《しゅんどう》に、派内から「クーデターだ」と猛反発が起こった。

同年九月二五日、金丸は東京地検特捜部に容疑を認める上申書を提出。略式起訴され罰金二

○万円が科せられることとなった。だが、この軽微な処分に対する世論の反発はすさまじく同年一○月、金丸は世論に抗しきれず議員辞職し、経世会会長も辞任する。そして後継会長の座を巡り派内は小沢グループと、小渕恵三を中心とする反小沢グループの真っ二つに分かれ、熾烈な抗争が繰り広げられた。

九二年一○月二八日、経世会総会で小渕が新会長に決まる。これを不服とする小沢グループは同日「改革フォーラム21」を旗揚げし永田町のキャピトル東急に陣取った。一方の小渕グループの拠点は、紀尾井町の赤坂プリンスホテルだった。

一方、この頃平河町にある砂防会館別館の経世会事務所はいわば「真空地帯」の状態に置かれていたのである。事務所の四畳半程の一室に置かれた高さ約一・八メートル、幅、奥行きともに一メートルを超える巨大なグレーの金庫から、一三億円が忽然と消えたのはこの頃のことだ。

当時、経世会事務所に常駐する職員は五名ほど。事務局長は、冒頭の髙橋の証言に出てきた八尋護《やひろまもる》である。小沢が経世会を飛び出した後は小沢の金庫番となり、○六年に亡くなった時には小沢本人が葬儀委員長となり人目も憚《はばか》らず涙を流した腹心であった。

小沢の指示を受けて実行した「略奪」の全貌を髙橋が証言する。

「九二年一〇月二八日に羽田孜《はたつとむ》を代表とする『改革フォーラム21』が結成され、経世会の分裂は決定的となっておりました。『改革フォーラム21』は東京・永田町のキャピトル東急の中に事務所が置かれていて、情報収集やスケジュール調整などのため多数の秘書たちが詰めていました。その頃、私は議員会館と事務所を行ったり来たりの毎日でした。事務所には国会議員もよく顔を出していたのです。

その一一月の初旬頃かと思いますが、議員会館にいた私に小沢から電話が来て、『髙橋、八尋さんから電話が来るからカネを受け取って、家に持って行け。いつでも出られるようにスタンバイしておけ』と告げられました。

私はこの時、『経世会からカネをもらって来いという指示かなあ』と思いました。また、『日時や場所なんかは後でしっかり指示があるんだろう。余計なことは聞かなくてもいいなあ』とも思いました。

そこで、八尋さんに電話したところ、

『経世会の議員たちが非常に警戒しているので、いずれ隙《すき》を見て電話をするから』と言うので、私は『はい、わかりました』と答えました。

私は夜でも出られるように準備していました。

『国会議員たちが非常に警戒しているということは、良からぬことをするのだな』と直感し、何をする気なのだろうと思いました。

　経世会の事務所（砂防会館別館）で人目につかないといえば裏側の方も知っておかなければと思い、一度、夜中に下見しておきました。なぜなら、あまり運転が得意ではないし、地理的なものもわからないので下見しておいたのです。

　連絡が来ないまま何日も経過し、夜中も絶えずスタンバイの状態でいた私は、いつ頃になるだろうと思い再度電話をいたしました。『いつになりそうですか』と聞く私に、『いや、その時になったら突然、電話をするから』と八尋さんは答えるだけでした。

　まさにその頃のことです。朝、小沢は私にこう言いました。

『八尋は大した奴だ。ハシリュウ（橋本龍太郎《はしもとりゅうたろう》元首相の通称）が金庫の鍵を渡せ、といくら言っても八尋は渡さなかったようだ。（八尋は）会長（金丸）から預った鍵なので、会長自身が渡すのならいいが、そうでなければ駄目だ、と突っ放ねたということだ。あいつは大した奴だ』と。

　この時私は『経世会の金庫からカネを持って来い、ということだな』とはっきりわかったのでした」

ついに迎えた決行日

「それから数日後、ついに八尋さんから『今なら大丈夫だ。裏の駐車場にすぐに来てくれ』と電話が来たのです。私は議員会館にちょうどいたのですぐに向かいました。日中、砂防会館別館の通常使用されていない裏の駐車スペースに行き車を停めました。電話から四、五分で着いたと思います。カネをトランクに詰め込むため車を後ろ向きに停めました。なぜなら、どれだけの量かわからなかったことに加え、見えるところにカネを積むわけにはいかないと考えたからです。

私が非常階段を上りかけたとき、八尋さんはすでにドアを開け、笑いながらこちらを見て待っていました。

八尋さんの足元にはビニールのカバーがついた大きめの紙袋を二重にしたものが数多く並べられていました。そして見えないように新聞紙を上にかけていました。

急いでその紙袋を運びましたが、かなりの重量で両手に提げると腕が痺《しび》れるようでした。トランクに入れた時に『本当にカネかな』と思って新聞紙をどかして中身を見ました。ビニールで梱包《こんぽう》された万札の束がぎっしりで、『一袋、一億円だな』と思いました。一三袋、しめて一三億円だと私は記憶しています。

霞が関から首都高速に乗り、三軒茶屋で降りて道路わきに停車してから奥さん（和子夫人）に電話をしました。小沢邸には警官がいて警備をしているので事務所のある玄関の方は怪しまれると思いました。また、通常は使っていない裏側の玄関にもたまに警官が巡回する時があるので、奥さんに、『脇にある勝手口を開けておいてほしい』と電話をしたのです。奥さんは何も聞かずに、『わかった。わかった』と言いました。『既に話が伝わっているのか』と思いました。

小沢邸に着き、勝手口前ギリギリのところに車を停めました。行ったら勝手口は開いていて、そこには奥さんが待っていたのです。

私はカネを勝手口の中に入れることが先決だと思い、急ぎました。先に運び入れた紙袋を奥さんが台所のほうに運んでくれました。

私が紙袋を台所の上がり口に運んだ時には、二つの紙袋が置いたままになっていました。上がり口まですべての紙袋を運び終えたところで、どこに運ぶべきかを奥さんに訊ねたところ、奥さんから『書斎に運んで』と言われました。

書斎のドアを開けると、小沢の机の後ろの右側の壁にすでに三袋程がきれいに並べてありました。私はそこに同じように袋を二列にしておきました。

すべてを運び込んだので、奥さんに『それでは失礼します』と言って退去しました。奥さんからは『はーい』と声だけ聞こえました。そして私は議員会館に戻り、何事もなかったように仕事を続けたのです。

私が小沢の書斎に入ったのはこの時一度っきりです。書斎やその奥にある寝室は秘書もお手伝いさんも入ることを決して許されていなかったのです。

すべて完了した旨を小沢に伝えたところ、『わかった』の一言で、既に八尋さんから報告を受けていたようでした。それから数日後、小沢が『八尋は鍵を渡さないでよくやってくれたよな』と、しみじみ語っていたのを覚えています」

これが、髙橋の証言する「一三億円略奪」の現場の一部始終である。

一八年の沈黙を破った理由

その後、小沢グループの経世会からの離脱が決定的となると、小渕グループとの間で残務処理が行なわれた。当時、小沢グループを代表して、その実務にあたった船田元《ふなだはじめ》（当時衆院議員）が振り返る。

「私は（小渕グループの）橋本（龍太郎）さんから『八尋に金庫を開けさせたが、空っぽになっているぞ！　お前は知っているかっ』と言われたんです。私はカネにはタッチしたことがなかったから、『わかりません』と答えるしかなかった。橋本さんは八尋さんを相当責めたようです」

確信犯の八尋は真相を明かすことなく、文字通り墓場まで持っていった。では、なぜ髙橋は一八年間の沈黙を破って、自らも加担した事件について告白したのか。

再び髙橋の言葉である。

「あの当時、総務局長だった野中広務《のなかひろむ》先生が『経世会の金庫から六億円程のカネが消えた』と雑誌で証言されているようですが、実際に中身を見ていなかったのか、著しい勘違いをしているとしか言いようがありません。

何より経世会から小沢の書斎までカネを運んだのは私自身ですから。

世間では小沢を知っているのは自分だと言わんばかりに、何やら言ったり書いたりしている人達がいますが、その人達は私が今までマスコミ等で述べてきた事実について少しでも把握《はあく》されているのでしょうか。小沢の苦しい時代から寝起きまで共にしてきた私から言わせてもらえば、小沢を知っているとの広言は疑わしい限りです。

今の小沢を見る限り、改革のブレーキとしか言いようがありません。この政治の閉塞感を打開し覚醒するには、真実を白日の下に晒《さら》し、小沢と闘っていく以外にはないと考えております。自由な言論を封じた問答無用のやり方は、今の時代にはマッチしません。政治家一人一人は選良であり、親分子分の関係は有権者の望む姿ではないのです。

このように小沢にかけてきた私の秘書としての半生も、残念ながら否定せざるを得ません。

悲しいことです。そんな私でも、せめて自分の初志だけは貫きたいと考えています。寒村に生まれ育った百姓の青年が抱《いだ》いた、政治を良くしたいという思いは持ち続けていきたいのです。私は意を決し、今まで家内を含め誰一人、話したことのない事実を公《おおやけ》にしているのです。私の覚悟は、『政治を良くしたい』という一心から発しているということです。どのような誹謗や中傷も気にするものではありません。

岩手めんこいテレビの巨額な株疑惑問題やこの経世会のカネの問題などは、今回の小沢に絡む四億円の土地購入資金の原資解明に避けて通れない事実であると考え、検察に話しました。しかし、調書にはされませんでした」

小沢が岩手めんこいテレビの株を売却して巨額の利益を得たのではないかという疑惑は二〇一〇年五月一三日の衆院総務委員会で追及されている。

一方、経世会の資金は、九二年の政治資金報告書によると、キャッシュで八億円余り。しかし、これはいわば表のカネで、小沢が奪った一三億円には多額の裏ガネも含まれていた。当時、小沢の主な政治団体の収支報告書に、この奪ったカネが計上された形跡はない。

一三億円「略奪」と歩調を合わせるかのように、小沢が陸山会の政治資金で計一〇億円にのぼる不動産購入を始めるのは九四年からだ。特に九四〜九五年は「元赤坂タワーズ」(九四年五月、一億五一〇〇万円）、「チュリス赤坂」（九五年一月、一億七〇〇〇万円）など五物件、総額約四億六五〇〇万円と所有不動産全体の半分近くを購入している。

一三億円は、不動産購入の原資に充てられたのではないか。さらに、これは裏ガネを表ガネにするためのマネーロンダリング目的だったのではないか、という疑いすら浮上する。

小沢の元秘書三人（石川知裕《いしかわともひろ》、大久保《おおくぼ》隆規《たかのり》、池田《いけだ》光智《みつとも》）は、約二一億七〇〇〇万円という史上最高額の虚偽記載で逮捕・起訴されている。これはウソの記載をしてまで、誤魔化さなければならない巨額資産が存在したことを示唆する。ところが小沢は「私は知らない」と秘書らに汚れ役を押し付け、国民にろくな説明さえしていない。

「一三億円略奪」について小沢事務所は、「そのような事実はありません」と回答した。高橋が証言するこの件でも、汚れ役は秘書に押し付けるというのは全く同じ構図だ。

田中角栄秘書の謎の死

ロッキード事件

東京地検がロッキード事件の外為法違反容疑で田中角栄《たなかかくえい》元総理と秘書官・榎本敏夫《えのもととしお》を逮捕したのは一九七六年七月二七日のことだった。違反容疑は五億円の不法受領である。

それから一週間近く後の同年八月二日午前一〇時ごろ、角栄の秘書兼運転手・笠原政則《かさはらまさのり》（当時四二歳）が埼玉県比企郡《ひきぐん》都幾川村《ときがわむら》大野（現ときがわ町）の山中で、自家用車の後部座席にビニールホースから排ガスを引き込み死亡しているのが発見された。

死亡時刻は八月一日午後一〇時ごろと推定。翌日の新聞は、「ロ社の資金運んだ？　田中の私設秘書　自殺　東京地検　事情聴取の直後」（朝日新聞同年八月三日付）などと一面トップで報じ、世間に与えた衝撃の大きさがうかがえる。

朝日の記事によると、死体が見つかった都幾川村大野の山中は、自宅のある埼玉県入間郡《いるまぐん》坂戸《ど》町（現坂戸市）から西へ約二〇キロ離れた場所。林道にエンジンをかけっぱなしで停まっていた車の後部座席で死んでいる男を通りかかったトラック運転手が見つけ小川署に届けて、笠原運転手に繋がった。

笠原は東京・目白の角栄邸に約一〇人いた私設秘書の一人で、約一〇年前から勤めていた。仕事は来客の取り次ぎや手紙類の整理などの雑務だったが、角栄本人や夫人の運転をすることもあったという。

また、笠原はふだん毎朝六時前に家を出て自転車で駅まで行き、東武東上線で出勤していた。角栄が逮捕された七月二七日は、「雑司《ぞうし》が谷《や》の実家に泊る」と自宅へ電話をかけ、三一日に夏休みで実家へもどっていた子どもと一緒に夜一一時すぎに坂戸町へ電車で帰ってきた。八月一日朝は、「今日は他に用がある」と言い、いつもとちがいマイカーで午前七時ごろ出かけた。家族によるとその夜は帰ってこなかったが、ふだんから雑司が谷の父親の所へ泊まることが多く、別に気にしなかったという。

一方、笠原について東京地検は、角栄がロッキード社の販売代理店・丸紅元会長・桧山広（当時）らからロッキード社工作資金の一部を受け取った際に資金運搬用の乗用車を運転。現金授受の日時・場所などを裏付けるため七月三一日、八月一日の両日、参考人として出頭を求め、死亡したと推定される同一日は夕方まで事情を聞いていた。

さらに同地検によると、笠原の調べに対する態度は快活で、運転したルートを自分で検分して検事へ述べていたという。

その東京地検は笠原の自殺に色めき立つ。それは東京地検が笠原の死を「自殺」と断定せず、三時間にわたり小川署に遺体の解剖を要求し同署と対立したことからもうかがえる。

「自殺」と断定しない地検はその根拠として、①車内に排ガスを引き込んだビニールホースから指紋らしきものが検出されたものの、熱で消えたためか笠原のものと断定できなかった、②ビニールホースの入手先や笠原が八月一日、東京地検の調べを受けた後の足取りがはっきりしない、③車はツードアで、助手席はロックされていたが、運転席はロックされていなかった、などの疑問点をあげ解剖を主張した。

しかし、遺族が解剖を拒否した上、解剖令状を取るまでの要件がないことを理由に結局、同夜一〇時過ぎ解剖を断念した。このこともあって当時、笠原の死は「謀殺説」などさまざまな揣摩憶測《しまおくそく》を呼ぶ。

既述した容疑で逮捕された角栄が、保釈金二億円を積み東京拘置所を出所するのは七六年八月一七日だった。出所するに先立ち角栄の顧問弁護士・原長栄は、検察幹部の一人にこう相談している。

「小菅から目白（角栄邸）に帰る前に、千葉県松戸市にある笠原君の墓参りを（角栄に）させたいのだが、どうだろう」

検察幹部は言下に、「やめた方がいい。報道陣が殺到して大混乱になるのがオチだ」と答えたという。

そして角栄が目白の邸宅へ帰宅後、秘書・早坂茂三《はやさかしげぞう》は記者たちにこう語った。

「拘置所へ迎えに行って、先生が最初に言われたのは、笠原君の遺族のことでした。帰りの車の中でも、彼のことばかり言っておられました」

新潟の貧しい農村に育ち、尋常高等小学校卒の学歴で世間の裏や暗さ、辛さをくぐってきた角栄。彼は総理の頂点から一〇〇名以上の派閥を率いる「闇将軍」になってからも周りにこう言っていた。

「料亭なんかに行って、不愉快なことがあっても、下足番のおじさんや、仲居さんに絶対あたっちゃいかん。彼らは仕事をしてわれわれに接しているのだから何も言えない。弱い立場の人は大事にしなくちゃいかん」

その角栄が、笠原の死をわがことのように身を苛《さいな》まなかったはずはないだろう。

角栄との出会いは神楽坂

笠原が、埼玉県坂戸市に土地付き建売り住宅を購入したのは七四年三月のことだった。床面積一六坪・セメント瓦の平屋立て。都心から離れた郊外に建つ質素でひっそりとした造作の家だった。そこに本人と当時三七歳の妻・佐代子、一〇歳の長男、八歳の長女、四歳の次男に加え佐代子の六二歳になる実母がひしめくように暮らしていた。

しかも、持ち家とはいえ住宅金融公庫に一九〇万円、大光相互銀行に五〇〇万円と計六九〇万円のローンがあった。笠原の運転手としての月給は一四万五〇〇〇円。当時のオイルショックで建築資材は急騰し、笠原の家計は苦められている。佐代子は入居するとすぐ臨時雇いの小学校給食職員として働き、家計を支えた。

五人きょうだいの長男だった笠原はそもそも、妹（長女）・厚子の夫と二人で東京・神楽坂《かぐらざか》周辺でもぐり、いわば白ナンバーの運転手をしていた。高度成長を象徴する東京オリンピック（六四年）前のことだった。得意先は料亭の客や芸者。神楽坂の花柳界は最盛期で約六〇〇名の芸者衆がいたが、そこで持ち前の美貌と才覚で売れっ子の名を欲しいままにした一人の芸者がいた。「円弥」という芸妓名で出ていた辻《つじ》和子である。

辻は、角栄に身受けされ彼との間に二男一女をもうけた。角栄には辻のほかにもう一人、子どもをもうけた愛人がいる。「越山会の女王」と呼ばれた角栄の金庫番・佐藤昭子で、彼女は角栄との間に女の子をなした。その辻が笠原を運転手としての素質を見抜いたからなのか、笠原の仕事先を角栄に繋いだのだった。

笠原と神楽坂の因縁はこれだけでない。

後の六三年三月に笠原と所帯を持つことになる佐代子も神楽坂で育った芸妓だったからである。幼ない時に父親と死別した佐代子は長女で二人の弟がいた。母親は子どもらの手を引いて実家の群馬に帰る。しかし、実家での口減らしのため佐代子は中学を卒業すると高崎に出て住み込みのお手伝いとして働く。そして、神楽坂の花柳界に「すみれ」という源氏名で姿をあらわすようになるのはそれから一〇年近く後のことだった。

辻が、佐代子の存在をいつ知ったのかはわからない。ただ、三人の子どもに恵まれ、一六坪の平屋建てとはいえ念願のマイホームを持つ笠原と佐代子。高度成長の下々をひっそりと懸命に生きてきた二人にもかかわらず、なぜ笠原は死に至らざるを得なかったのか。そこには角栄の大物秘書・榎本敏夫が影を落とす。

ハチの一刺し

榎本が民主自由党の職員から日本電建に勤めた後、角栄の秘書になったのは角栄が佐藤栄作政権で自民党幹事長に就いた一九六五年だった。榎本は、既述の通りロッキード事件で角栄と共に逮捕されただけでなく、ロッキード裁判の丸紅ルート第一四六回公判（八一年一〇月二八日）で東京地裁に出廷した前夫人・榎本三恵子（当時三三歳）が、「榎本が五億円受領を認めていた」と証言。この告発は、「ハチは一度刺して死ぬ」と〝ハチの一刺し〟に喩えられ一躍、榎本の名は世間に広まった。その証言については後述する。

当時公判での東京地検の主張によると、丸紅の伊藤宏前専務を通じた榎本に対する五億円の現金授受は分散して計四回行なわれ、うち一回目は七三年八月一〇日、榎本が笠原運転手の車で英国大使館（東京・一番町）裏に行き、同伊藤前専務と落ち合い、現金一億円入りの段ボール箱を受けとったというもの。残り三回は九段高校裏の電話ボックス前（同年一〇月一二日）、ホテル・オークラ（東京・虎ノ門）駐車場（七四年一月二一日）、同伊藤前専務のマンションの一室（同年三月一日）だった。いずれも、榎本は笠原運転の車で現場へ行ったとみられる。しかし、榎本はどれもアリバイを主張し全面否定していただけに、笠原は検察の調べを裏付ける重要なキーマンの一人だったのである。

笠原の死で検察側は一時守勢に回ったかに見えたが、それから五年後の八一年、前述した榎本三恵子の証言が飛び出す。彼女は先の七三、七四年の五億円授受の核心に迫る発言をするが、榎本とは七七年一〇月、三人の男子を彼の元に残して離婚していた。検察側の証人として出廷した彼女は五億円授受のくだりをこう述べた。

検事　榎本の方から相談を持ちかけてきたことは。

証人（榎本三恵子）（七六年）二月一〇日すぎにありました。専用車がなくなって、私が目白の田中邸まで送ることがありまして、（東京都文京区）大塚三丁目の交差点で信号待ちしていた時に、「どうしよう」と言いました。

私が「報道の通り、お金を、事実受け取ったの」と聞くと、榎本は、瞬時思いをめぐらしているようでしたので、顔をのぞきこみますと、うなずいていました。そして、また「どうしよう」と問いかけてきたので、私は「あなたの逮捕はありますね。田中先生はどこまで追及がいくんでしょう」と言うと、榎本は「あとは三木総理の腹一つだ」と言っていました。

私は「男が腹をくくってした仕事に『どうしよう』はないでしょう。答えは一つ。なかったことなんですよ」とたたみ込むように話して、田中邸に届けました。

検事　「受け取ったの」とはどのようなことに対して。

証人　ロッキード献金です。

検事　どういうように。

証人　（丸紅前専務）伊藤さんから榎本を通し田中先生へ、の意味でした。

検事　「何もなかったことに」とはどういう意味ですか。

証人　田中先生の秘書としての役目です。

検事　どうしろと。

証人　逮捕が想定されたので、何もなかったと言い通すことです。
検事　榎本が伊藤からの献金を受け取ったことで、その後、榎本と話しましたか。
証人　その夜、私の部屋で、伊藤との交際を断つと約束したのに、なぜ付き合っていたのか、となじりました。
検事　榎本は何と言ったか。
証人　君の言うのはもっともだが、上で動き始めたことは一介の宮仕えではどうしようもないんだよ、と答えていました。
検事　「上で」とは。
証人　田中先生と丸紅のトップのことです。

衝撃的な内容だった。

榎本三恵子のわずか約二〇分の証言を終えると、法廷に「閉廷」が告げられた。その瞬間、角栄は榎本と顔を合わせることもなくプイと席を立ち、榎本はしばし視線を宙に浮かせ立ちつくしていたという。

さらに証言から一週間後の一一月四日、榎本三恵子は東京・ホテルオークラで記者会見しこう語った。

「関係者が権力者になびいている現状を無視できなかった。ハチは一度刺せば死ぬ。私もその覚悟」

「（証拠書類を焼いたが）榎本は当時、全く対処できない精神状態だったので、自発的に私がやり（榎本に）報告した。首相秘書官在任中の日程表を二冊、タンスに隠していた」

その榎本が高血圧性脳症で倒れ入院したのは一二月二一日のことだった。

一方、角栄は強気の姿勢を崩すことがなかった。八二年一〇月、ロッキード丸紅ルート一八三回公判で裁判所が角栄を被告人質問し、事実上審理は終了。ここで、角栄はこう述べた。

「いやしくも現職の内閣総理大臣に対して〝成功したら報酬を差し上げる〟などと言ったとしたら、言語道断であり即座に退出を求めたはずです。政治家の第一歩は、いかなる名目でも第三国人から政治献金を受けてはならない、ということです。（五億円授受は）全くありません。事実上も、職務上もございませんッ」

八三年一〇月一二日、東京地裁でロッキード丸紅ルートを巡る判決が下された。判決は、角栄に対し懲役四年・追徴金五億円で榎本は懲役一年・執行猶予三年、一方の丸紅側は、桧山広（丸紅会長）懲役二年四月、伊藤宏（同専務）懲役二年、大久保利春（同）懲役二年・執行猶予四年だった。判決理由のなかでは、既述した四カ所の現金授受現場が採用されたのである。

その瞬間、顔を真っ赤にした角栄の横顔は、青ざめ打ちひしがれ公判を傍聴し続けてきた周りに初めて怖ろしい形相を見せたという。

記者たちの記憶に薄い秘書

総理の犯罪を裁く長きにわたった裁判劇の一方で忘れられないのは、繰り返しになるが車の中で排ガスを吸い人知れず死んだ運転手の笠原である。笠原は死の直前、検事が「(現金授受)当時の走行ルートの通りに走ってみてくれ」と頼むと、実際に車を運転したという。しかし、そんな笠原は目白の角栄邸に詰める秘書の中でも影の薄い存在だった。

「田中の首相当時、いわゆる『田中番』として朝早くから目白台へ行くことの多かった記者たちも、笠原の存在は、よく覚えていなかった。『秘書兼運転手』で彼の死の情報が入ったとき、『そんな人いたかな』と、一様に首をかしげた。しばらくたって、『あの門をあけてくれた人だよ』とだれかがいい、『ああ、あの人か』と思い出した。

新聞社の車が着くと、急いで門をあけ、『おはようございます』と、いつも丁重に笠原はあいさつしたものだった。田中に仕えながら、田中の権力とも、人間とも、おおよそかかわりなさそうな一使用人であった」(『ロッキード事件　疑獄と人間』)

笠原は、夏休みに入った小学生の子ども三人を、どこかに連れていく約束をしていた。その約束を果たさないまま、平屋建てのわが家の団欒の灯が遠くに眺められる山林で埋まるように死んでいた。

日歯連　一億円ヤミ献金事件

総理元秘書・瀧川俊行の涙の激白

その男は、赤みがかった眼に今にもあふれそうな涙を浮かべていた。青いシャツに木綿のパンツ、頭をおおう白いキャップに午後の秋の日射しが照りつける。その日射しをかわすような仕草でキャップのつばに手をやり、目を隠しながらポツリポツリと咽《のど》から絞り出すように語り始めたのだった。

「検事から、『政治家の秘書は、事件のたびに犠牲になってきた。後輩のことを思ってみろ。犠牲者をこれ以上出すようなことをするな。同じことを繰り返していいのか』と言われたのが辛《つら》かった」

「娘から、私が逮捕される直前に『お父さんは一人じゃない。お願いだから本当のことを話して。自分一人だけを責めるようなことはしないで』と言われて……」

男の名は、小渕恵三《おぶちけいぞう》元総理の元秘書・瀧川俊行《たきがわとしゆき》。二〇〇五年の取材当時、五七歳。自民党の派閥・平成研究会（平成研）の事務局長兼金庫番で、〇四年七月に発覚した日本歯科医師連盟（日歯連）の一億円ヤミ献金事件に関与した一人として、東京地検特捜部に政治資金規正法違反（虚偽記載または不記載）の罪で逮捕された。

それから瀧川は頑《かたく》なまでにメディアとの接触を拒み、沈黙を守ろうとした。その瀧川が涙さえ浮かべながら私に初めて胸の内を告白した。

その悲痛な告白は後述するが、瀧川をこうも苦しめ、追い込んだのはいったい誰か。参議院の最大の責任者は、当時の参院自民党幹事長で平成研幹部の青木幹雄《あおきみきお》を措いて他にいないだろう。事件の端緒になったこの一億円は、〇一年七月の参院選で日歯連が自前の職域代表として送り込んだ候補者のために、平成研の全面的なバックアップを得ようと渡した巨額資金だった。参院で青木は候補者の公認から人事・カネ・票の配分まで全て握っていた。平成研にあって、その選挙の最高責任者はまぎれもなく、青木その人だったのではないか。

青木幹雄の黒い素顔

青木の罪は問われなくてはならないと私は思う。

青木こそ、小泉純一郎《こいずみじゅんいちろう》総理が激しく攻撃した「抵抗勢力」の派閥・平成研の幹部の一人という仮面を装《よそお》う一方で、あろうことか小泉と手を組み自民・公明の与党で衆院の三分の二を占めるという自民党政権の一極集中を作った陰の功労者である。自民党を権力集中の構造に変えた責任者であり、水面下のキーパースンと言うべき存在だ。ところが、青木はほとんどメディアに素顔をさらすことがない。彼の政治信条・政治手法はベールに包まれていた。

「私は土曜、日曜とかけて全国どこでも行くが、その土地でよく『青木さんは島根県ですね。島根のどこですか』と聞かれるんです。私が『出雲大社がある大社《たいしゃ》町だ』と答えると『えっ、出雲市じゃないんですか』とたいがいの人はそう言うんですなあ。その席で、『出雲市と大社町は隣同志だが、ちがう』と言わなくちゃならんのです。

私の大社町の実家は日本海で、年に一度、全国の神様が渡ってくるという言い伝えの『箱佐の浜』がある。その浜で私は漁師の息子ですから、朝から暗くなるまで真っ黒になって遊んでいた。実家のそばは、出雲から出た『出雲阿国《いずものおくに》』で知られる歌舞伎発祥の地なんです。大社町は今度、出雲市に合併され新『出雲市』となるが、私はその出雲市に住所のある唯一の国会議員なんです」

島根県出雲市の出雲市民会館大ホール。前の晩は耳をつんざくような雷が鳴り響く豪雨にみまわれた出雲地方だったが、その雨も上がり、〇五年七月二日午前九時半から開かれた新「出雲市」発足記念式典には、訛りのある野太い声で挨拶する濃紺のスーツ姿の青木幹雄がいた。東京ではマイクを向けられても、くぐもった声で一言二言ぐらいしか話さないほど寡黙《かもく》の男というイメージがつきまとっているが、この日は地元だという気安さからか、いつになく饒舌《じょうぜつ》で満面の笑みをたたえていた。しかし、青木の柔和な笑みの下には、とてつもない地顔《じがお》が隠されている。

逆臣――。主君にそむく臣。主君を殺した臣。謀反人の意だ（『広辞苑』より）。

いったん手に入れた権力を保持するためには敵に身を売ることすらいとわず、昨日まで同じ釜の飯を食っていた同志の棲《す》む城が、敵の放った弓で炎上しようともただ黙って眺めていられる男だ。青木の軌跡を辿《たど》るとよくわかる。

四〇年前、青木は元総理・竹下登《たけしたのぼる》の一介の秘書に過ぎなかった。島根県議に当選したのは六七年。以来五期二〇年近くにわたり、県議兼秘書として竹下の地元城代家老を務める。ある県議は、その当時の青木がこう口走るのを覚えていた。

「俺が忠誠を誓うのは竹下登だけだ」

青木が県議から参院議員に転身したのは、中曽根《なかそね》康弘《やすひろ》政権による衆参ダブル選挙で自民党が大勝した八六年。翌八七年には竹下政権が発足。しかし、リクルート事件が竹下を狙い打ちする。八九年四月には、その竹下の犠牲になるようにしてもう一人の青木、竹下の金庫番で大物秘書の青木伊平《あおきいへい》が都内マンションの自室で自殺するという悲劇が起こった。

竹下に寄り添う青木幹雄が頭角をあらわしてくるのはここからだ。参院議員になってわずか三年後のことである。

幹雄と伊平。二人の青木は、共に人口約一万六〇〇〇人の出雲大社の小さな門前町・大社町の出身ではあるが、犬猿の仲だった。伊平が死したことで、青木幹雄は一番の側近に躍り出る。竹下はリクルート事件で辞任後も、最大派閥の威光で「竹下派支配」の頂点に君臨し、「数とカネ」のキングメーカーとして政権を裏から操った。そして九八年、竹下と師弟関係にあった小渕恵三が政権の座に就く。派閥の名称も、経世会から平成研究会（平成研）と改まった。

その小渕が第二次改造内閣で官房長官兼沖縄開発長官に抜擢したのが青木だった。青木は既に参院幹事長として「ドン」と呼ばれる存在になっていた。しかし、これまで参院議員が就ける重職は頂点をきわめたとしてもせいぜい参院議長のポストで、政権ナンバーツーの官房長官に就くのは異例中の異例のことだった。

県議から参院議員に転身してわずか一〇年余にして回ってきた権力の椅子。竹下の威光が背後にあったことを勘案しても、青木にすれば竹下はもちろん、小渕もまた大恩人だったはずだろう。

密室クーデター

しかし、その小渕は二〇〇〇年四月、脳梗塞に倒れ、順天堂大学医学部附属順天堂医院に運ばれた。青木が逆臣と言うべき本性を露にするのは、この時からだ。

小渕の病室に入り、小渕と面会できたのは青木一人だった。その後も面会できた政治家は青木だけしかいない。情報を一手に握った青木は、その直後から矢継ぎ早に情報操作を行なっていく。まず小渕の病状を「過労のための緊急入院」（四月二日）と偽り、「（小渕から）青木長官が首相臨時代理に当たるようにとの指示があった」（四月三日）と、真っ赤なウソをついたのだった。小渕の病に乗じて、自身が権力の中枢で采配を振るおうとしたのだ。

さらに青木は、当時の森喜朗《もりよしろう》幹事長、野中広務幹事長代理、村上正邦《むらかみまさくに》参院議員会長、亀井静香《かめいしずか》政調会長の、いわゆる「五人組」と共に東京・赤坂プリンスホテル五五〇号室に密かに集まり、小渕後継に森を選任するという、密室での権力移譲に手を下したのである。

恩義ある小渕への冒瀆《ぼうとく》――。本来なら国民に向け、国の命運にかかわる最高権力者の小渕の病状を粛々と伝えるべき総理補佐役の官房長官という要職にあるにもかかわらず、転がりこんだ権力を濫用《らんよう》した、クーデターともいうべき暴走を何食わぬ顔でやってのけた。

逆臣の本性が露《あらわ》になるのはこれだけではない。青木の主・竹下は直弟子・小渕の死がよほど身にこたえたのか、小渕の死から一カ月後の二〇〇〇年六月十九日、小渕の後を追うように亡くなった。青木は竹下が亡くなったとたんに、東京・永田町の議員会館裏手にある秀和永田町TBRビルの竹下事務所にわがもの顔で居座るばかりか、竹下の義弟・竹下亘《わたる》衆院議員を押しのけ、竹下の残した「遺産」を乗っ取っていく。

竹下の遺産の最たるものは、田中角栄率いる田中派、竹下・小渕・橋本派と続く最大派閥の系譜の中で、数限りない権力闘争をくぐりぬけ築いた人脈・金脈（利権）だろう。その権力闘争の系譜は溯《さかのぼ》れば「角福戦争」に行き着く。

田中角栄と福田《ふくだ》赳夫《たけお》の角福戦争は、七〇年頃から角栄が病に倒れる八五年まで続いたとされる。自民党総裁の椅子を巡る争いは七二年、福田が角栄に敗れるところに端《たん》を発する。そして六年後の七八年、福田は総裁予備選で「闇将軍」に君臨していた角栄率いる田中派がバックアップした大平正芳《おおひらまさよし》に大差で敗れる。二度にわたった苛烈な権力闘争。「天の声にも、変な声がある」と福田が敗軍の弁を呟《つぶや》いたのはこの時だった。

その角栄の血の系譜は竹下・小渕・橋本、敵対する福田には安倍晋太郎《あべしんたろう》や森・小泉が連なる。ところが青木は、〇三年の総裁選で角栄以来敵対関係にあった派閥・福田派（清和政策研究会＝清和会）の申し子だった小泉純一郎の許《もと》に駆け寄り、誰よりも早く「小泉支持」を表明したのだった。

角栄があまたの権力闘争をくぐり抜け、竹下や小渕らが手塩にかけ築きあげた平成研という派閥を、小泉純一郎に売り渡したと言ってもいい背信行為をやってのけた青木。元官房長官・野中広務は、青木の背信行為に怒り心頭に発し、私にこう吐き捨てたのである。

「あいつは権力の権化《ごんげ》や」

青木の胸中にあるのは角栄でも竹下でも小渕でもない。あるのは唯一つ、自身に潜んでいる獰猛《どうもう》なまでの権力欲を満たすことだ。言うまでもなく野中が青木をこうまで罵ったのは、小泉純一郎という最高権力者と一体となってまでして参院議員会長というポストに青木がしがみついたからだろう。かつて「鉄の団結」を誇った派閥・平成研が凋落《ちょうらく》しようが、彼にとっては何ら痛痒《つうよう》を感じる事柄ではない。一方国民にとって不幸なことは、小泉と対抗しうる勢力がなくなってしまうことである。青木はその対立軸をなくす先頭に立っていたのだから罪は深い。

青木幹雄の来歴を辿ると、何人もの死者に出くわす。青木伊平・竹下登・小渕恵三・橋本龍太郎と、彼らが死する度に、自身が世に出るための重しが取り除かれたようにステップアップしてきたのが青木だ。いったい、青木にはどんな権力欲が潜んでいるのか。その根源を知るためにも長年小渕の秘書を務め、日歯連の一億円ヤミ献金事件で逮捕された一人の男、先の瀧川俊行を追った。

「もう、あらゆる所から、私に会いたい、会って話を聞きたい、という申し入れが数え切れないぐらいあるんだ、知り合いの伝《つて》を頼ったりして。でも、一切しゃべらない。しゃべりたくないと事あるごとに断っている。私は何もしゃべりたくないんだ」

ＪＲ千葉駅から銚子方面に向かう総武本線に乗り換え、車窓に広がる郊外の新興住宅地や田畑を眺めながら二〇分ほどで着く四街道《よつかいどう》駅。駅からわずかに歩いただけで閑静な住宅が軒を連ねる丘陵地帯が広がる。その間を縫《ぬ》うなだらかな坂道を〇五年四月頃から私は何度となく、くねくねと歩き続けた。ようやく玄関に顔を見せた瀧川俊行に会えたのは九月下旬のことだった。台風が伊豆諸島を暴風雨で包み、房総半島にも小雨交じりの強風が吹きつけていた。

瀧川は強い風を避けるように木陰に立ち煙草に火をつけた。顔はいくらか陽に焼けていた。背が高く、胸幅の広い体軀《たいく》は屈強な印象を人に与えるが、黒いクリッとした大きな目はどこか親しみを感じさせた。その目を見据えながら私はこう問いかけた。

「自民党の平成研だけがヤミ献金処理をしていたわけではないでしょう。小泉総理の出身派閥・清和会がヤミ献金に手を染めていないと、世間の誰が信じますか。今の自民党は内側から腐っている。そう思いませんか」

平成研は当時、元総理・橋本龍太郎が代表だったことから橋本派とも呼んだ。瀧川は私の問いかけにサッと険《けわ》しい顔つきになり、こう呟いた。

「私は、自民党にとって見れば、しゃべってもらいたくないことをしゃべったんだろうな」

派閥の会計責任者

自民党にとって、口が裂けてもしゃべってはならないことをしゃべった男――。平成研事務局長で、派閥の会計責任者だった瀧川は、後述するが巨額なカネで汚れた自民党の暗部の一端を法廷の場であからさまに証言したのだった。

瀧川が、日歯連から平成研への一億円ヤミ献金事件を巡り、東京地検特捜部に政治資金規正法違反の容疑で逮捕されたのは〇四年八月二九日だった。ここで、特捜部の調べなどから事件の一部始終を大筋で再現すると――。

〇一年夏の参院選直前の七月二日午後七時、東京・赤坂の高級料亭「口悦《こうえつ》」で、ある会食が催された。口悦は、赤坂のオフィスビルが建ち並ぶ大通りから一歩奥に入った路地にひっそりと門を構えてる老舗だ。その会食の出席者は、平成研から橋本龍太郎元総理、青木幹雄参院議員会長、野中広務元幹事長、日歯連側から臼田《うすだ》貞夫前会長ら二名の計五名だった。

この会食を前に、臼田前会長は参院選比例区で再選を目指していた日本医師会元会長で平成研所属の中原爽《そう》参院議員のため、派閥の全面的バックアップを得ようと橋本派への資金提供を決意。臼田は一億円の小切手を〇一年二月下旬に大手都市銀行で用意した。

会食の席上、臼田はその一億円の小切手を封筒に入れて橋本元総理に手渡した。橋本は野中に小切手を見せる。遅れて到着したのは青木だった。「いやいや、どうも遅くなりまして」と言いながら席についた青木に対し、橋本は小切手で一億円の献金をもらったことを告げた。青木は、「どうも、ありがとうございました」と感謝の言葉を伝えたという。臼田は重ねて、「中原をよろしくお願いします」と、橋本らに依頼した。

その翌日、瀧川は橋本元総理から「はい、これ日歯から」と小切手を手渡された。瀧川はすぐに現金化したが結局、政治資金収支報告書には記載しなかった。つまり一億円はヤミ献金、言い換えるなら表に出せない裏ガネとして処理された。それは瀧川の一存ではなく、派閥幹部会に諮《はか》った上でのことだったという。

自民党と平成研の暗部を暴露

事件後に瀧川が、東京地裁の法廷に姿を現わしたのは〇五年一月。瀧川と同容疑で罪に問われた平成研代理で元官房長官・村岡兼造《むらおかかねぞう》の公判で検察側証人として出廷したのだ。それから計五回・約二〇時間にわたり公判の証言台に立った瀧川は、自民党と平成研の暗部を告白した。主だった証言の一部をザッと記すとこうだ——。

「選挙のカネは個々の候補者が表に出さないことが常識。秘書として見ていると、法定費用の中で選挙が行なわれることはないというのは永田町の常識だ」

「選挙には数億円のカネがかかる。平成研の場合、パーティ券の現金収入は毎年一億から二億円だが、これをプールし選挙の裏ガネとして使っていた。日歯連からの一億円に加え、こんな大きな裏ガネが表に出たら非難が起こる。これだけは出してはいけないと思った」

「平成研の（政治資金収支報告書に）繰越金は二〇億円余りあると記載しているが、まったくちがう。実際は四億から四億五〇〇〇万円ぐらいだ」

「平成研事務局長に就いた時、事務局から平成一二（二〇〇〇）年の衆議院選挙には選挙資金と氷代は党から支給され、その時は派閥の事務総長が受け取りに行き、私はお供する。平成一三（二〇〇一）年は夏は（氷代）に党本部から六〇〇〇万円、冬（モチ代）に六〇〇〇万円だった」

「モチ代や氷代が支給される時、自民党本部の元宿仁《もとじゅくひとし》事務局長に『（政治資金収支報告書に）記載しなくていいのか』と聞いたら、元宿事務局長から『政治活動費だから、派閥としては配慮しなくてもいい』と言われた」

「（自民党の）最大派閥の経理に司直《しちょく》の手は入らないと思っていたのに、メスが入った」

瀧川は自民党の元宿事務局長に対し、日歯連から資金提供された一億円を「迂回献金」の形で処理できないか、と相談を持ちかけていた。瀧川は一月一二日の検察側第二回尋問で、検察から「（一億円の処理で）平成研以外の人に相談したことがあるか」と質され、こう証言していた。
「元宿さんに相談した。（日歯連から）『平成研で一億円の領収書を切ってくれ』と言う可能性があり、元宿さんに代案がないかと思い、『（自民党の政治団体）国政協（国民政治協会）か、なにか（の政治団体）で領収書を切ってもらえませんかね』と言った。元宿さんは自民党事務局長として長く政治資金を扱い、団体とのつき合いも深いので方法はないかと思い知恵を借りに行った」

場所は東京・永田町の自民党本部・経理局長室。二人はこんな密談を交わしたという。
瀧川「平成一三（〇一）年七月に一億円の献金を受けております。これは領収書のいらないものだと思っていたが、（日歯連から）発行の要請があって（平成研）幹部会に諮ったところ『発行を見合わせるように』ということになり、もし（日歯連に）断わられたら知恵はないですか」
元宿「そのカネ（一億円）はどういうふうに処理したんだ」
瀧川「平成研の口座に積み、その後、現金化して平成研の経費として使っていた」
元宿「それでは、もう領収書は出せませんね」
瀧川「平成一四（二〇〇二）年、一五（〇三）年に分散して数字を小さくして、平成研の領収書を切れないか。平成一三（〇一）年の参院選前に派閥に一億円の献金では、世間やマスコミから批判される。それを薄めるために一四（〇二）年とか一五（〇三）年に分けて受けた形で領収書を出すことが可能か」

元宿「じゃあ、相談してみるよ」

驚愕すべき証言の数々ではないか。

年間一億円から二億円の現金収入があるパーティ券はプールし、裏ガネとして使った。年間一億二〇〇〇万円の氷代・モチ代は、自民党本部と相談し裏ガネにした。さらに、日歯連からもらった一億円にしても、国民政治協会と相談し、平成研の名称が表に出ないように工作した――などと、平成研は自民党本部と一体となって、政治資金の透明性を確保するための政治資金規正法の精神をまったく無視した裏ガネづくりを白昼堂々、繰り返していたのだ。このような違法・脱法行為が通るはずはない。

瀧川は一連の証言について、公判でこう吐露した。

「私は、どんなウソをついても見破られる、ウソはつき通せないと思った。検事から『真実と向き合え』と何度も語りかけられた」

「証言の中で、特にパーティ券の話をした。自分自身、三〇年間永田町にいたが、多くの仲間を失うことになる。信頼を損《そこ》なったが、やむを得ないと思っている」
「平成研という最大派閥に司直のメスが入り、いくつかの事実が出た。平成研がこうなった以上、苦心していると思うが、他山《たざん》の石として問うことなく派閥運営の仕方が変わっていくと思う。いつまでも今の状態が続いてほしくない」

小渕恵三のもう一人の実力秘書

しかし、私は瀧川の証言に、ある違和感を覚えた。証言の内容にではない。瀧川はなぜ、自民党の屋台骨をも揺るがしかねない前代未聞の証言を、こうも赤裸々に発する気になったのか。彼を揺り動かしたのは何だったのか。その理由は茫漠《ぼうばく》としたまま、私のなかで澱《おり》のように沈殿していた。

とにかく、瀧川に会わなくてはならない——。瀧川が公判での証人尋問を終えたのは二月中旬だった。私は四月頃から、瀧川に会いたい旨をしたためた手紙を胸にしのばせ、東京駅からたっぷり一時間余り電車に揺られて彼の自宅がある四街道市に通った。

瀧川の自宅の郵便受けに手紙を投函し帰るだけの日が続いた。瀧川の家は四街道駅から一五分程歩いた郊外の住宅地にこぢんまりと佇《たたず》んでいた。いつも軒先に色とりどりの花が活けられていた。何度手紙を投函しても、梨のつぶてだった。彼が口を開くまで待つしかない、私はそう思っていた。

桜の花は散り、坂の舗道にひっそりと活けられた薄紅色のツツジが一斉に咲く季節になっていた。私は四街道駅のホームに佇《たたず》み、ふと二〇〇〇年五月に急死した小渕恵三元総理の墓参りに行ってみようと思った。瀧川はその小渕に三〇年近くもの間、実力秘書として仕えていたのである。

小渕にはもう一人の実力秘書がいた。小渕の総理秘書官まで務めた古川俊隆《ふるかわとしたか》だ。その古川の名前に、私は決して忘れることのできない出来事があった。

小渕の死の直前まで、私は小渕と古川秘書官にまつわるある疑惑を追っていた。「NTTドコモ未公開株疑惑」である。その概要はこういうものだった。

九八年一〇月、ドコモ株が上場した際、わずか九人の個人株主の中に、小渕の古川秘書官と、小渕の実兄で群馬県吾妻郡《あがつまぐん》中之条町長（当時）・小渕光平《おぶちみつへい》の二人が入っていた。株価は二人の総額で七〇億四七〇〇万円（二〇〇〇年一月下旬）。古川は当初、「頼まれて出資した群馬のポケベル会社（上毛通信サービス、七二年一〇月設立）が二〇数年経って現在のドコモになり、運がよかった」などと周りに語っていた。しかし、これは古川の詭弁だった。

古川の未公開株には真の所有者が存在したのである。群馬県高崎市の小渕後援会の有力幹部・石井康元だった。しかし、石井は七四年、三八歳の若さで急死する。その後、古川は小渕が官房長官在任時の八八年、石井の遺族に何の断りもなく石井名義の株を手に入れ勝手に名義変更していたのだった。郵政族の「ドン」の一人だった小渕は、古川を介し手に入れたドコモ未公開株が値上り確実だということを知りうる地位にいた。

私は、二〇〇〇年一月末の通常国会を睨《にら》み、小渕のドコモ株疑惑を『週刊現代』に発表した。当然のごとく国会は冒頭から緊迫した。衆参予算委員会では、野党各党が一斉にドコモ未公開株疑惑の追及に乗り出し、古川秘書官の証人喚問と株式譲渡承認請求書、取締役会議事録など関連書類の提出を要求した。小渕は焦った。

「ドコモ株は売っていないのだから、濡れ手で粟《あわ》の利益を得たリクルート（事件）とはちがう」

濡れ手で粟とは、苦労せずに利益を得るとの意だ。小渕は同年二月四日の国会答弁でそう弁明し、必死な面持ちで自身にふりかかったスキャンダルの火の粉から逃がれようとした。しかし、実際はちがった。小渕の実兄・光平は、九九年の一年間で保有するドコモ株の三分の一を売り、一三億円もの売却益を得ていたのである。小渕がこれを知らなかったとは到底考えられない。この株売却が明らかになれば、小渕は国民を欺《あざむ》いていたことになり、内閣そのものが吹きとびかねなかった。小渕は眠る暇《いとま》もなかったことは想像に難くない。

その小渕が脳梗塞に倒れ、急拠東京・お茶の水の順天堂医院に搬送されたのは、私が町長の資産公開（九九年分）で知ることのできた光平の一三億円のドコモ株売却の事実を『週刊現代』で発表するほぼ一カ月前にあたる二〇〇〇年四月二日未明のことだった。

告白の理由

群馬県中之条町の林昌寺にある小渕恵三の墓前に参ってきたことを記した私の手紙に、わずかな間を置くことなく瀧川は初めて返書を送ってきた。

「小渕さんのこと、私も（五月）一四日（命日）には一人心中で合掌し、この五年の歳月を思い起こしておりました。『生きておられれば』の仮定の上で色んな想像は可能ですが、現実の政治の世界は『去る者日々に疎《うと》し』どころか、去ったその日から新たな現実が始まる社会だと思っております……」

万年筆で一字一字几帳面に書かれた文章を見ながら私は思った。そもそも平成研とは、九二年、小渕が竹下の後釜として派閥会長に就任したのを機に付けられた派閥の名称だった。ところが、小渕が死ぬと、小渕の守り続けた派閥の行く末はどうなってもいいとばかりに、派閥の実権を握っていた青木と野中は袂《たもと》を分かつ。その派閥の内乱状態に絶望したからこそ、瀧川は既述の証言をしたのではないだろうか。

しかし、瀧川は私と会うことを拒《こば》んだ。冒頭に触れた九月下旬の瀧川との場面は、ようやく彼が直《じか》に私と顔を合わせた時のことで、その日は青木自身が、村岡兼造《むらおかかねぞう》の公判に証人として出廷する数日前のことだった。

私が、瀧川に先の青木の出廷を告げると、瀧川は言葉少なにこう呟いた。

「青木さんに限らず、橋本さん、野中さんは（一億円のヤミ献金の処理は）『知らん』と言うでしょうな」

青木ら平成研幹部に何があったのか、彼らの名前は二度と口にしたくないというような冷めた口調だった。

それから二カ月余り瀧川と会えない日が続いた。〇五年一一月上旬、今日も徒労かと思いつつ諦め切れずに通い詰める私をどこかの窓の陰から見ていたのか、ついに瀧川は姿をあらわした。その日、瀧川は私が来ることをなかば覚悟していたようだった。

――東京地裁では、日歯連から平成研への一億円献金を巡る政治資金規正法違反（虚偽記載もしくは不記載）について、〇五年九月末に青木参院議員会長、橋本元総理、野中元幹事長の三人の証人尋問があった。その公判を傍聴した私は、これが長きにわたり自民党の中枢で権力を操っていた面々かと暗澹《あんたん》たる気持ちになりました。

「あのようなものでしょう……。（証人尋問は）そうなるだろうと思っていた」

――青木さんらは総じて一億円の献金を知らぬ存ぜぬと認めないばかりか、平成研事務局長で会計責任者だった瀧川さん一人の「秘書の犯罪」に押し込めようという姿が露でした。野中さんは、「（事件発覚後）瀧川君が私に電話をしてきて、『すべて私の一存で処理したことですから』と言った。が、裁判になると私らの名前を出してきた。最初とちがった。彼には裏切られた」とまで証言。瀧川さんは最初、本当に自分一人で事件すべてを処理したと思っていたのですか。

「最初はそうだった。『私の一存でやった』と言い張ろうと思った。事件発覚後、マスコミが（平成研の）事務所や自宅にバァーッと押しかけてきたので、（一億円の処理の）記憶をたどるどころか、そんなことができる余裕はなかった」

――なぜ、その考えが変わったのですか。

「検事から、『（日歯連前常任理事の）内田（裕丈）の所に行っていないか』と尋ねられてからだ。最初は内田に会いに行ったことが、なかなか思い出せなかったが、数ある名刺の中から内田の名刺が出てきた。その名刺が思い出すきっかけになった」

――日歯連から一億円の献金があった翌年（〇二年）、内田から「（一億円の）領収書を出してほしい」と要求され、平成研の拡大幹部会に諮った上、瀧川さんらが「領収書」は出せないと断りに行った時のことですね。その後、平成研の政治資金収支報告書に一億円の献金は記載せず、ヤミ献金で処理することになる。

瀧川さんご自身に最も聞きたいのは、瀧川さんが知り得た事件の一部始終を、言葉を言い換えれば派閥の暗部をなぜ、公判で証言する気になったのですか。瀧川さんは公判で、「検事から『真実と正面から向き合いなさい』と何度も語りかけられ、ウソはつき通せないと思った」と述べていますが、証言するに至った内的な理由はどこにあったのですか。

「私が（〇四年八月に）逮捕された時、検事から『政治家の秘書は、政界の事件の度に主人の政治家から『秘書が、秘書が』と言われて犠牲になっているじゃないか。後輩のためにもこれ以上、犠牲者を出さないように考えられないのか。同じことを繰り返していいのか』と言われ、その言葉にグラッときた。胸にこたえた」

この時瀧川は、宙を見上げ煙草に何本も火をつけ、どことなく落ち着きがなかった。その目にはうっすらと涙が滲《にじ》んでいた。私には瀧川の感情が昂《たかぶ》っているのがわかった。

――秘書の犠牲といえば、私は青木伊平さんの存在を憶い出す。伊平さんは、竹下元総理の三十年来の大物秘書で金庫番。しかし、リクルート事件で疑惑追及の標的になった竹下元総理の犠牲になるようにして八九年四月、自ら命を絶った。瀧川さんの場合、伊平さんと逆の道を歩んだと言えるでしょう。自民党や派閥の暗部をおおやけの場で証言したからである。

証言するに当たり、伊平さんのことは頭を過《よぎ》りましたか。

「もちろん、青木伊平さんのことは頭から離れなかった。ただ何よりも、検事から『後輩のことを思ってみろ、犠牲者をこれ以上出すな』と言われたのがつらかった」

――一方で、つらかったのは瀧川さんの家族じゃないですか。

「逮捕が近づいた時、長女が『お父さんは一人じゃない。お願いだから、本当のことを正直に話して。自分一人だけを責めて、自分だけの責任にするようなことはしないで、すべて話して』と言った。娘のあの一言は大きかった、大きいものだった」

瀧川は言葉に詰まりながらそう語った。長女に懇願されたのは逮捕前夜、妻と娘二人と食事をした時のことだったという。

――逮捕後、勾留されている間は何を思われたのですか。

「やはり、検事と毎日向き合っているのだから、懸命になって（一億円の処理のことを）憶い出すこと。後輩のためにも犠牲者を出してはいけないという思いだった」

瀧川は小渕の死後、わずかな空白を置いて平成研事務局長に就いた。そして〇一年七月、日歯連の一億円ヤミ献金事件に遭遇した。佐賀県唐津市の出身で、その半生を秘書という黒子《くろこ》として務め上げてきた瀧川が、師の小渕から得たものは何だったのだろうか。

「小渕さんが自民党幹事長（九一年）になった時のことです。二人で差し向かいになる時間があって、私が小渕さんに『とうとうここまで来られましたね』と声をかけたら、小渕さんは満面の笑みで頷《うなず》き、一言『うん』と言った。本当に嬉しそうだった、忘れられない顔です」

秘書になった日

在りし日の小渕を回想する時の瀧川は、事件に触れた時とは打って変わり饒舌ですらあった。どうして小渕の秘書になったのだろうか。

「(早稲田大学の)先輩から、『おい、小渕さんのところで秘書を募集しているぞ』と聞いてね。(出身地の)佐賀には自民党の重鎮で元官房長官の保利茂《ほりしげる》先生がいらっしゃるんですけど、あまりに偉すぎて行く気になれなかった。小渕さんの所に一週間ぐらい身を置く軽い気持ちで事務所に行ったんです。

今から思えば、小渕さんはその日、私を試していたんでしょう。まず私に一枚の葉書を書かせて、それを見て小渕さんは、『おい瀧川君、そのような葉書の書き方をしていたら相手の方に失礼に当たるよ』と注意してくる。当時私は小渕さんの所に行こうにも、カネはなく背広を持っていなかった。先輩から借りた背広を着て行った。で、私が背広のボタンを外していたら小渕さんは、『君がこれからどこへ行き、誰に仕えるのかは知らないが、目上の人と会う時はボタンをかけているものだぞ』とおっしゃった。その気遣いの言葉は今も忘れません。それからです、一週間の腰かけのつもりが（小渕）事務所にずっといることになった」

瀧川は、まるで昨日のことのように小渕を追想するのだった。中之条町出身の小渕は角栄率いる田中派に所属し、地元では元総理・福田赳夫、中曽根康弘と二人の大物政治家に挟まれ、「ビルの谷間のラーメン屋」と陰口をたたかれたりしていた。

――小渕さんが高崎市に事務所を持ったのは当選を重ねてからです。瀧川さんが秘書になった頃、高崎に小渕事務所はあったのですか。

「なかった。（事務所は）渋川《しぶかわ》市にあった。小渕さんが陰で、どんなに『ビルの谷間のラーメン屋』と揶揄《やゆ》されても、私は小渕さんの所に行ったことを後悔しなかったし、今も後悔していない」

中之条町在住の小渕後援会古参幹部は、ある時角栄が直立不動の小渕に対し、大きなダミ声で叱咤する場面を憶えていた。

高崎駅の駅長室を借りてのことだった。小渕の応援に来た角栄はそこで小渕に、

「何が中曽根、福田に挟まれた『谷間のラーメン屋』だ。そんなことを言われて、どうのこうのしているヒマがあるのか。そんなヒマがあるなら郷里を歩け。

どこに川が流れて、どこで何の作物が採れるのか。水捌けは大丈夫か、土は痩せていないか、肥料はあるか。どの山、どこぞの家族には何人子供がいて、働き手はどうなっているのか。歩

け、その足で歩いて見て来い」

と言った。小渕はうなだれ、肩を震わせ大粒の涙を流していたという。

――その小渕さんが亡くなった時、何を思ったのですか。

「亡くなった日のことでした。泉谷《いずみや》しげるという歌い手さんがいるでしょう。彼の曲（『春夏秋冬』）の中に、『今日ですべてが終るさ』という歌詞があって、そのメロディが不意に私の頭の中を繰り返し流れていたんです」

――泉谷しげる、ですか。

「〽今日ですべてが終るさ、今日ですべてが変わる、というあのメロディが頭を一日中、グルグルと駆けめぐっていたんです。今日ですべてが終るさ、だった」

瀧川から唐突にも、泉谷しげるの曲の、「今日ですべてが終るさ」という歌詞が口をついて出た時、私は一瞬とまどった。同時に瀧川の心象風景に触れたような気がした。団塊《だんかい》世代にはなじみ深いこの歌を、彼は自らの半生に重ね合わせて聴いていたのか。

泉谷しげるの名曲

泉谷しげるがセカンドアルバム『春・夏・秋・冬』をリリースしたのは七二年。中学を卒業したばかりで一五歳にして地方の農村から集団就職列車で上京し、東京の工場や商店へ就職した「金の卵」と呼ばれる子がいた。

私はその子たちを見送りに、東北本線の駅まで行った記憶がある。男の子は一様にツメ襟の学生服の上に新調したばかりの白っぽいコートを着ていた。コートのソデの丈は長く手首まで隠れていた。女の子は髪を三つ編みにし頬はリンゴのように赤く染まっていた。

時の政権は佐藤栄作が担っていった。六八年一月、米原子力航空母艦エンタープライズが長崎県佐世保《させぼ》港に入港。エンタープライズは核兵器を装備した艦で、ベトナム戦争の主力空母だった。佐世保の街は反対運動に包まれた。同年三月、南ベトナムのソンミ村ミライ部落で、米軍による村民大量虐殺事件が発生した。六九年一月、東京大学の要請を受けた警視庁は、東大紛争で荒れる東大本郷・安田講堂の封鎖解除のため機動隊八五〇〇人を導入。

この頃、一世を風靡《ふうび》した東映任侠映画。鶴田浩二《つるたこうじ》「博奕打《ばくち》ち」、さらに高倉健《たかくらけん》「昭和残侠伝」「網走番外地」、藤純子《ふじじゅんこ》「緋牡丹博徒」などのシリーズが銀幕に登場し、観客は熱気につつまれた。

七〇年三月、大阪府千里丘陵《せんりきゅうりょう》で日本万国博覧会（エキスポ70）が開かれた。広さ三三〇万平方メートルの会場の中心地に万国博のシンボルとなった岡本太郎《おかもとたろう》制作「太陽の塔」が建てられ、一八三日の開催期間中に約六四二一万人が入場し連日長蛇の列ができた。

佐藤総理の退任を受け田中角栄が後継の総裁選に立候補。七二年六月に角栄が著した政権構想『日本列島改造論』（日刊工業新聞社）は八〇万部を超すベストセラーになった。

同年七月、総裁選で決選投票の末、福田赳夫を二八二対一九〇で破った角栄が総裁に就き、田中政権が登場した――。


小渕が脳梗塞で順天堂大学医学部附属順天堂医院に運ばれてから、野中広務はしきりに、小渕が倒れたのは自由党党首（当時）・小沢一郎が自自連立の問題で小渕を責めたてたことが原因ではないかと小沢を非難した。しかし私は、NTTドコモ未公開株疑惑で小渕と古川秘書官を追及していた矢先だっただけに、野中が小沢非難の方へすり換えているように聞こえ違和感を覚えていた。私は瀧川に質した。

――何が原因で小渕さんは倒れたと思いますか。

「原因か……。ただ、（小渕の）息子（長男）は、小沢一郎さんの責任と思っていたようです。小沢さんが小渕の葬儀に来た時、息子は目を見開いて小沢さんを睨みつけていた。その姿を見た野中さんが、『なかなか見どころのある息子じゃないか』と口にした場面は覚えている。

小渕さんという人は上へ上へという欲が人一倍強い人だった。かつて橋本龍太郎が自民党総裁選に出た時だって、小渕さんは『なぜ、俺より先なんだ』と悔しがっていた。彼はその悔しさをバネにし、エネルギーにして生き、死んでいったんです」

瀧川は、小渕の死に至る病に襲われた本当の真相については、ついぞ言葉を濁《にご》すのだった。

小渕は書生らを東京・王子の自宅に住み込ませ直接、秘書の作法を修業させていたという。秘書に冠婚葬祭の礼服を買い与える古い慣習を身につけた政治家の一人だった。その小渕が一から鍛え上げた秘書の瀧川を、平成研の青木・橋本・野中ら小渕と苦楽を共にしてきた幹部らは、誰一人として庇《かば》い立てしようとしなかった。

第二章　金脈の一族

「小渕王国」の深い闇

小渕恵三の兄が起こした交通死亡事故

その一本のベタ記事が、群馬・前橋の県立図書館所蔵の読売新聞群馬版に載っているのを目にしたのは偶然と言うしかなかった。

何度かその県立図書館に足を運んだ一九九九年初秋。赤城おろしの冷たい風が吹いていた。探していた記事は、二〇年も前の一九八〇年に起こった交通死亡事故だった。目をみはるのは事故の加害者が九八年七月に総理に就いた小渕《おぶちけいぞう》恵三の実兄・小渕《おぶちみつへい》光平で、私がそのベタ記事に遭遇した当時、光平は小渕の地元・中之条町の町長を務めていたのである。マイクロフィルムで見た記事によると、事故はこのようなものだった。

「吾妻署は（八〇年）七月十九日夜、繭販売会社光山社社長、小渕光平（50＝当時）を道交法

違反（酒酔い運転、免許証不携帯）、業務上過失傷害の現行犯で逮捕した。小渕光平は、三区選出で前総理府総務長官（当時）の小渕恵三代議士の実兄。

調べによると、小渕光平は同日午後九時三十五分ごろ、酒に酔ったうえ、免許証を持たずに乗用車を運転、中之条町伊勢町の国道一四五号線の交差点付近を自転車で横切ろうとした同町伊勢町、食品販売業、深沢宏さん（73＝仮名・筆者注）をはね、転倒させた。深沢さんは腰の骨を折るなどの六カ月の重傷。小渕光平は、町内の飲食店でビール一本を飲み、友人の車を借りて帰宅途中だった。小渕光平は元町立第一小ＰＴＡ会長で、町公民館長、町商工会副会長などを務める町の有力者」

事故により病院に搬送された深沢さんは二日後の七月二一日午後一〇時頃、息を引きとる。

小渕恵三の出身地・中之条町は群馬県の北西部に位置する山間《あい》の里だ。町の八割は欅《けやき》、櫟《くぬぎ》、杉などの森林で占められ、その間をぬって田圃・畑がひろがる。山裾《しま》には四万、沢渡《さわたり》温泉などが控える。ＪＲ高崎駅から吾妻線で、山間の沢伝いの渓流を眺めながら約一時間で着く片田舎のひっそりとした町だ。人口は九九年時点で約一万八〇〇〇人（うち有権者約一万五〇〇〇人）。

小渕恵三はこの町で、九六年一〇月の総選挙で約八五〇〇票をとった。全投票数の八割強。中之条町が「小渕王国」と言われるゆえんだ。それだけでない。恵三の兄・光平は九六年の町長選に立候補し無投票で当選していた。つまり小渕兄弟は足並みを揃えるようにこの町に君臨していたのである。

「小渕王国」の恐怖支配

ところが九九年当時、私が中之条町を歩き住民らから聞いた小渕総理への印象は芳《かんば》しいものではなかった。批難する声のほうが相次いだといったほうがいい。そのいくつかを紹介すると――。

「いま、中之条町の商店街はシャッター通りと呼ばれているんですよ。客が来ないのでシャッターを閉めている店が目立つ。開いている店も老夫婦が商品の埃《ほこり》を払って細々と営業しているようなさびれた状態。小渕さんは、その商店の実情を見たことが一度でもあるんでしょうか、足を運んだことがあるんでしょうか。そんな姿を一度も見たことがありません。小渕さんという人は、人がダイコンの菜っ葉を食べていようが何の痛みも感じない政治家のように思えてなりません」（四十代・主婦）

「小渕さんは、選挙運動で中之条に来た時、『私の母は、私が代議士になってから一度もグリーン車に乗ったことがありません』と語っていた。いったい、何を言いたいのでしょうか、グリーン車に乗らないなんて当り前のことでしょう。質素な生活をしていると言いたいのなら、

この町の人はみんなそうじゃないですか」（五十代・自営業者）

「選挙になれば、（小渕陣営から）応援に来たかどうかを必ずチェックされる。それが怖い。この町の人でいったい何人が、小渕さんに対し、わが郷土の町が生んだ総理大臣だという誇りを持っている方がいるのか甚《はなは》だ疑問です」（六十代・男性）

会う人、会う人が堰を切ったように小渕総理への不満を口にした。人柄が温厚というイメージを持つ恵三と、隠れた「恐怖支配」におののく地元民の落差。それはどこから来るのだろうか。もちろん前述の小渕評が町民のすべてを代表していると言うつもりはない。しかし、繰り返すが驚くべきことに現役の総理大臣とはとても思えないほど恵三の存在が地に着いておらず、空虚なのである。いったい、なぜだろうか。

町に関係のない美術館の建設計画

じつは中之条町では九九年当時、「町立平松礼二《ひらまつれいじ》美術館」建設反対の住民運動が起こっていた。これをきっかけに「小渕ノー」の火の手が上がっていたのだ。

この美術館計画は、中之条町の小高い丘陵地《きゅうりょうち》にある放牧地区約五万平方メートルに画家・平松礼二の作品を展示する美術館を建設しようというもので、町は二〇〇一年の開館をめざしていた。美術館の本体工事や庭園整備などで総額三〇億円の建設費が必要と目されていた。

しかし、町民からは「なぜ、町に縁もゆかりもない平松の個人美術館を町立で建てなくてはならないのか。美術館建設に町民の税金を投入してほしくない」との声が湧き上がっていたのである。しかも町民への説明会は、この計画が持ち上がった二年程前から一度も開かれていないのだった。

美術館建設を推進している張本人は、前述した恵三の兄で中之条町長・光平（当時六九歳、光平は父の名を襲名）だ。光平は小渕の一族の企業体・光山社グループの代表の一方で、恵三の地元後援会のトップを務めていた。

恵三はその光平をバックアップするためか、九九年の総裁選直前に東京・日本橋で開かれた画家・平松礼二の個展を訪れ、来場者に「僕の生まれた町に、平松先生が美術館を作ってくれるんだ」と自慢気に語っている。

現職の総理が、兄が推し進める事業とはいえ軽々に美術館建設を口にしたことに驚いた町民は少なくない。旗振り役の町長が口にするならともかく、どうして総理の立場を笠に着て建設が既成事実であるかのように兄を後押しするのか。町民の間から反発が出るのも無理からぬことだった。

一方、九九年一〇月初旬には「町立　平松礼二美術館を考える会」などの町内五団体が、「住民投票を実現する会」を結成し、美術館建設の是非を町に求める署名を始めた。しかも、当の平松自身は私の取材に驚きを隠さなかった。

「美術館建設については町役場に任せっきりです。主導権は役場が握っている。いつ頃完成するのか、はっきりと決まっていないようでただ計画があるだけです。（反対の）署名運動が始まっているなんて、役場から何の報告も受けていません」

　ところが、住民投票を請願する署名は三〇〇〇名を突破。一一月中には有権者の半数に至る七〇〇〇名分を集めるという。住民投票を実現する会の青柳健一代表はこう語った。

「中之条の借金は一四〇億円もある。しかも、六五歳以上の高齢者が人口の二五％も占めるのに、福祉水準は全国で最下位にランクされている。にもかかわらず、三〇億円もかかる美術館を作るとは、小渕兄弟の横暴と言うしかない。小渕町長が計画を断念せず仮に署名を無視してまで建設を強行するなら、裁判所へ行政差し止めの仮処分申請をする一方、小渕町長のリコール運動にまで持ち込んでいきたい」

　総理の地元で、総理の兄である町長がリコールされる事態となれば、総理の権威は地に堕ちることは言うまでもない。だが、この署名運動、異様な盛り上がりを見せ、小渕一族に支配されてきた過去を呪うかのごとく、署名が次々と集まり続けていたのだ。

　いったい、小渕一族はこの町で何をしてきたのだろうか。その取材を進めていくと、既述した一九年前のある死亡事件に行き着いたのである。

タブーとなった事件

改めて記すと事件は八〇年七月一九日午後九時過ぎに起きた。恵三の兄・光平が、酒酔い運転で七三歳の老人をはね、死亡させてしまったのである。事件の簡単な経緯は冒頭の新聞記事で触れているが、これまでこの事件は町民の間で語られることはほとんどなかった。つまり蒸《む》し返されることがなかったのである。その理由は当時小渕一族が必死になって事故の一部始終を封印し、その一族の目を怖れて町民もタブー視してきたからに他ならない。ところが、先の美術館問題をきっかけに小渕兄弟の横暴に怒った町民らが、一九年前（当時）の事件を蒸し返し始めたのだ。

当時事件を目撃した、ある自営業者（六十代）は、興奮した面持ちで昨日のことのようにこう語った。

「死んだ深沢さんは本当にかわいそうなことをした。子供が男ばかり八人もいてね、苦労に苦労を重ねてやっと平屋の持家を建てたばかりだったのに。

事故は中之条の駅近くのメイン通りの商店街で起こったんです。その夜、最初に『ガチャーン、ドーン』というものすごい音が響いた。その音で表通りにすぐに飛び出していったところ、すぐに商店街のシャッターにはねられた自転車がぶつかった音だとわかりましたよ。シャッターの下に（自転車からはね飛ばされた）深沢さんが倒れ込み、グッタリと伏せていたんです。

深沢さんと自転車をはねた車は、三〇メートルぐらい先に停まっていました。運転していたのは、〝あの人〟でした。暗かったので、〝あの人〟の顔色までは見えなかったのですが、〝あの人〟は気が動転していたのか、グッタリしている深沢さんの足をズルッズルッと引きずり、自分の車の方へ引っ張っていくんですよ。その車で病院にでも運ぼうとしたのでしょう。〝あの人〟のシャツには飛び散った赤い血がベットリとついていました」

その修羅場での〝あの人〟とは言うまでもない、光平である。はねられた深沢宏は、事故現場の近くで野菜・惣菜などをこぢんまりと並べた八百屋を営み生計を立てていた。家族総出で働き、遅くまで灯りがついていた。その先頭で働いていたのが初老の深沢だった。家族は悔やんでも悔やみきれない事故になった。

ところが、この事故は不可解な形で決着していく。そのことを少なからぬ町民が覚えていた。光平の同級生（自営業）はこう話した。光平は事故当時、まだ中之条町長に就いていなかったが、住民の多くは光平を「町長」と呼ぶ。

「町長は事故の後、わずか一日で警察から出てきたんです。その後、勾留された形跡はない。常識的にはありえないでしょう。だから同級生の間では、『将来のことを考えて、一カ月でもいいから千葉の交通刑務所に入り、罪を償ってきた方がいいんじゃないか』という意見が出たぐらいなんです。死亡事故を起こしながら、警察を一日で出てくるなんて、弟の恵三の政治力が働いたとしか考えられないし、それはあまりに露骨過ぎて後々問題にされるのではないかと心配したんです」

恵三の縁戚で後援会元幹部（団体顧問）もこう重い口を開いた。

「光平は警察に一日とどまっただけで帰ってきました。青ざめた顔で『いま、帰ってきた』と自宅に入ってきた。小渕家として、あの事件は代議士の恵三はもちろん、小渕一族が築いてきた信用失墜の最大の危機だった。とにかく、早く遺族にカネを払って示談の形にしてまとめようとしたんです。地元の吾妻署のレベルではなく群馬県警のレベルで何とか寛大な措置をしてもらわなくてはならなかった。そこに『恵三の力』『政治の力』が働いていたかどうかは、私はわからない。ただ、通常ではありえない処置だったことは間違いない」

中之条町の住民らは、免許証不携帯で酒に酔って人をひき殺した男が、どうしてたった一日で警察から釈放され自由の身になれたのか、どう考えても不可解としか言いようがなかった。事故の直前まで沖縄開発庁長官および総理府総務長官に就いていた閣僚クラスの恵三と、「闇将軍」として権勢を振るっていた角栄の力が働いたのではないか――。

そのような疑念を抱きながらも、実際にどのような形で警察に政治の「圧力」の手が伸びたのか、そのからくりは表沙汰にならず真相は闇に包まれたまま二〇年近くの歳月が流れた。不可解なことはまだあった。

「二〇年経つと言うが、中之条町にとっては昨日のように忘れることのできない重大事件だった。実は事件直後、町長の自宅周辺の町内会に町長の減刑を求める『嘆願書』の署名用紙が回されたんです。その内容は、『事件について、ぜひとも穏便な処置をお願いします。小渕光平は町の実力者の一方、光山社の社長も務めています。光山社の社長が不在になったら、そこで働く多くの従業員の生活が困ります。そこを配慮していただき、ぜひとも寛大な処置を』という趣旨の文面でした。町民からは『弟が大臣だったからといって、ふざけるな』という声が上がった。でも、私はそこに署名してしまった。それでこの一九年間、ずっと後悔の念にかられてきた。今だったら、絶対に署名しないのですが」(別の自営業者)

酒酔いで交通死亡事故をひき起こしたのだから、光平は本来なら町公民館長など公職を辞任し、恵三ともども町民に謝罪して回るべきだったろう。ところが謝罪どころか、町民の生活を盾にとって実力者であることを振りかざし「穏便な処置」を求めるのだから本末転倒と言うしかない。しかも、既述したように光平は事故から一五年後に何事もなかったように町長、一方の恵三は一八年後に総理に就いたのだから、高慢な小渕一族は常軌を逸していたと言うしかない。

新聞はウソを書いている！

酒酔いで致死となれば、起訴されて当然で裁判での判決も重くなる。交通犯罪に詳しい高山俊吉弁護士はこう指摘する。

「この事故の場合、仮に不起訴だとしたら、よほど何らかの事情が働いたのだと思います。当時既に弟さん（恵三）は名の知れた政治家だったわけで、弟さんの名を汚すようなことがあってはならないということを想定したら、ケースとしては次のようなことが考えられます。

遺族に多額の慰謝料を払い、刑事処罰は望んでいないという上申書を書いてもらう。その上申書を検察庁のほうに出して、不起訴に持ち込むというやり方ですが、酒酔いとなるとそう簡単ではなかったでしょう」

ウラで光平の釈放のためにどのような政治力が働いたのかは定かでないが、不起訴処分で済んだ可能性は高い。ちなみに業務上過失致死は、「五年以下の懲役もしくは禁錮又は一〇〇万円以下の罰金に処する」（刑法二一一条）と規定されている。

私は何度となく中之条町へ通い、断わられながらも八人兄弟の遺族のうちようやく三人からこのような証言を得た。

「新聞はウソを書いている。あの日町長は宴会を二つこなして、最後に料亭でビールを飲んで帰る途中だったと聞いている。裏で何があったかは知らないが、新聞や警察が主張するビール一本というのはまったくウソだ。だいたい警察からは一日で出てきたんですよ。それじゃあ、酔い醒《ざま》しに拘置所へ泊まったようなものじゃないか」

「病院に担ぎ込まれたオヤジは、事故で折れた肋骨が内臓に突き刺さり、それが致命傷となって死んでいった。瀕死の重症のオヤジは苦しくて口もきけず、意識のあるうちに病院に来た町長をただギロッと睨みつけていたよ。

小渕が（示談金という名目で）払ってきたカネは三〇〇〇万円。しかも、それすら渋々だった。俺は心の中では今でも光平と小渕家を許せない。小渕側に罪の意識があったとは到底言い難い」

「オヤジの死後、小渕家から『本人が反省している。公職からは一切退くので、何とか寛大な処置を頼みたい』と釈明してきた。もう亡くなったが、俺のお袋もどうにか折れて減刑を求める『嘆願書』に署名を書かされたようだった。町長は葬儀には来て『申し訳なかった』と頭を下げていた。が、その後の三回忌や七回忌などには一度も顔を見せなかった。友人の話では、町長は事件から一年も経たないうちに車を運転していたらしい。人の噂も七五日とでも思っていたんじゃないか……無念です」

小渕一族は、重い口を開いたこの遺族の兄弟たちの言葉をどう聞くのだろうか。光平は公職に就き、車を乗り回し、酒を飲む。人ひとりの命を奪ったことへの胸に響く反省はどこからも伝わってこない。小渕家が遺族側に支払った三〇〇〇万円について前出・高山弁護士はこう語る。

「あくまで一般論で言えば高額と言えるでしょう。任意保険の支払いはほとんどなかったと見られるので、これだけのカネを何より自腹で出すことで不起訴に持ち込んだのだろう」

しかし不起訴も問題だが、どうして一日で光平は警察から出てこれたのだろうか。中之条町役場で光平に真相を質したが、彼はろくに答えようとせず逃げ回った。私は執拗に問い質した。

――一九年前の事故で起訴されたのですか。

「裁判所に行って調べればいいじゃないか」

――そもそも深沢さんの遺族に今でもどう思っているのですか。

「何も言わない」

――町長としてそれでいいのですか。

「それでいいじゃないですか」

光平は前述したように事故から一五年後、町長選に立候補し無投票で町長に就いた。町長に立つことを巡《めぐ》り恵三は反対したという。

「恵三が異を唱えたのは、兄が公職に就くことで、あの事件が蒸し返されることを怖れたからですよ。ところが町長自身は、本来なら弟の恵三ではなく自分が代議士、大臣になるはずだったと考えるような人。そのぐらい気位だけは高い、『あいつにできるなら俺にもできた』とでも言うように。一方で、あの事故の処理もそうですが、光平が何かと弟の力に頼ってきたのも否応ない事実。光山社グループの屋台骨になっている光山電気がＮＥＣと集積回路製造の業務提携ができていたのも、恵三の力があるからとは誰しもが知ること。そのバックアップなくして光山社は成り立たない。弟を軽んじながら、弟に頼らざるを得ない。町民は二の次の小渕一族なんです」（小渕後援会元幹部）

酒に酔い、人をはねて死亡させた血塗られた秘密を共有する兄と弟。恵三はこの一〇年程の間、中之条町に帰ったのはほんの数えるほどだ。たとえ帰っても実家ではなく、同じ町内にある千鶴子夫人の実家に泊まっていたという。恵三はなぜ実家を、そして兄を遠避けようとしたのか。それはあたかも、思い出したくない過去の出来事の記憶から遠ざけようとしていたようにすら思えてならない。

小渕一族のNTTドコモ株疑惑

総理秘書官の突然の来訪

一九九八年一〇月一日のことだ。

夜七時頃、小渕恵三総理の秘書官・古川俊隆《ふるかわとしたか》（当時五五歳）が、人目をはばかるようにして群馬県高崎市の一軒の民家を訪ねた。訪ねた先は小渕総理の地元秘書で有力な後援会幹部だった石井康元の自宅である。古川秘書官がその家を訪ねたのはずいぶん久し振りのことだった。というのも石井は七四年五月、三八歳の若さで心不全により急死しており、古川秘書官はそれから間もなく石井家と行き来が遠のいてしまったからである。

高崎の石井宅には、遺族である夫人が家族とともに住んでいる。

古川秘書官の訪問は突然のことだった。

「これから、伺ってもよろしいでしょうか」

石井夫人に古川秘書官からそう電話が入ったのは、自宅へ到着するわずか五分前のことだった。古川秘書官はあらかじめアポイント（約束）を取り付けることもなく、石井家の近所から電話をかけてきたのである。

「現職の総理秘書官がいきなり飛んで来るとは、いったい何事が起きたものだろう」

と驚いたことを石井夫人は憶えている。

当時小渕政権は発足（九八年七月末）からまだ二カ月ほどで、しかも通常国会の会期中。小渕政権は内閣支持率が低迷する一方で、長銀（日本長期信用銀行）の経営破綻など金融問題の処理に追われ、息つく間もないほどの慌《あわただ》しい毎日だった。

その最中に総理秘書官が官邸を抜け出し、アポも取らず高崎まで飛んでくるというのは確かに尋常ではない。

まして、古川秘書官は小渕総理に仕える五人の秘書官の中でも要となる政務担当の首席秘書官だ。ほか四人は大蔵・警察・外務・通産の各省庁から出向してきた秘書官。古川秘書官はその秘書官らを束ね、小渕総理の答弁を取りまとめるなどの作業をこなさなくてはならない。

いったい、何が起きていたのか。

国会での疑惑追及

実はこの日、衆院予算委員会で、古川秘書官と小渕総理の実兄で群馬県吾妻郡中之条町の町長・小渕光平（当時六八歳）が取得しているNTTドコモの未公開株問題が取り上げられていた。古川秘書官の突然の高崎行きは、このことが理由だった――。

小渕総理の「最大のスキャンダル」に発展する可能性があるとしてマスコミが追及を続けていたのが、この「NTTドコモ未公開株疑惑」だった。それまでも数回にわたり国会で取り上げられてきた「NTTドコモ未公開株疑惑」とは何なのか。改めて簡単に説明しよう。

NTTドコモは九八年一〇月二二日に東証一部に上場するが、上場以前に、NTTドコモの株（＝未公開株）を所有していた株主は六八の法人・個人だった。うち個人はわずか九名で、そのうちの二人が小渕総理の「金庫番」でもあった古川秘書官と、総理の兄・光平であった。所有株数は古川秘書官が一三五株、光平が二七〇株。上場後、株価は高い水準で上げ続けたため、九九年九月三〇日に一株が五株に株式分割され、現在の所有株数は古川秘書官が一三五×五で六七五株、光平が一三五〇株だ。

二人はそれぞれ、古川秘書官が二〇〇万円、光平が四〇〇万円の元手で、これらドコモ株を入手したと説明しているが、取材時の時価に換算すると秘書官の古川が所有するドコモ株は二三億四九〇〇万円、光平のそれは四六億九八〇〇万円（二〇〇〇年一月二六日の終値三四八〇万円で計算）に化け、笑いが止まらないだろう。

しかし、誰しもが疑問に思うのは、どうして彼ら二人がＮＴＴドコモの未公開株を所有できる「九人」の中に選ばれたのかという点だ。ここで若干時計の針を戻す。

二人が値上り確実のＮＴＴドコモ株を取得できたのは七二年一〇月、群馬県前橋市で設立されたポケットベル販売会社「上毛《じょうもう》通信サービス」の株を持っていたからだ。八八年一〇月、上毛通信サービスを含む関東甲信越のポケベル会社と自動車電話会社五社が合併してＮＴＴ中央移動通信となり、さらに九三年一〇月、ＮＴＴドコモと合併。その結果、上毛通信サービスの株はＮＴＴドコモ未公開株に化けたのである。

もし、これだけのことであれば本当にラッキーな話だろう。しかし、そんなよだれが出るような話は実際にはあり得ないだろう。そのことをこれから、順を追って明らかにしていく。

ドコモ株取得の矛盾

これまで、古川秘書官はドコモ株取得の経過をこう説明している。

「二十数年前、知り合いに頼まれて、群馬のポケベル会社（＝上毛通信サービス）に出資した。当時で二〇〇万円ぐらい出したかな。いつのまにかドコモに吸収されていたんだな」（「週刊朝日」九八年一〇月二日号）

「（上毛通信サービスの株を）取得したのは、上毛通信サービスが設立されてしばらく後だったとは思いますが、社名も覚えていませんでした。確か二〇〇万円かそこらだったと思いますが、それも知人に頼まれて買ったんですよ。

その知人とは、私と同じ高崎の出身ということもあって昔から知り合いでした。私もすでに小渕の秘書をしていましたから、秘書と小渕の支援者の一人という付き合いではありましたけどね」（「週刊新潮」九八年一〇月八日号＝傍点はいずれも筆者）

つまり、古川秘書官は「知り合い」「知人」に頼まれて上毛通信サービスの株を買った。それがラッキーなことにドコモ株に化けたというのだ。だが、その「知り合い」「知人」が誰なのかは決して口にしようとしない。

一方、九八年一〇月一日の衆院予算委員会で民主党・海江《かいえ》田《だ》万里《ばんり》衆院議員は小渕総理を次のように追及していた。

海江田「秘書官の古川俊隆さんは、いつポケットベルの上毛通信サービスの株を取得したのですか」

小渕「昭和六三年（八八年）六月に（上毛通信サービスの）会社の役員の方から、その保有している株について、ぜひ保有してもらいたい、会社の安定株主になってほしいということで、その時点で株式を譲渡されたというふうに理解しています」
海江田「古川さんは、週刊誌で上毛通信サービスができたときにその株主になってくれというこ とで、二十何年か前から（株を）持っていたようなことをコメントしているが、それはなかったということですか」
小渕「（古川秘書官から）会社（上毛通信サービス）が設立した当初からの株主ではないと聞いています。その後、その会社の役員の方からぜひその株式を取得してほしいということで受けた。まあ、この株式を保有しておった方と特別の関係もございまして……」

上毛通信サービスの株を入手した時期を、古川秘書官は「二十数年前」と言い、小渕総理は一〇年前の「昭和六三年」だという。明らかに二人の説明は食い違っている。どちらかがウソをついているのか、あるいは二人ともウソをついているのか。

海江田衆院議員が、古川秘書官は「いつ」「誰から」上毛通信サービス株を譲り受けたのか再調査するように求めると、小渕総理は「誠実に調査します」と約束をした。ところが、その約束は果たされていない。

果たせるわけがないのだ。誰から譲り受けたのかは、口が裂けても言えまい。なぜなら「二十数年前」に「二〇〇万円」で、上毛通信サービスの株を手にしたのは古川ではないからである。そして、古川はその本当の「所有者」から株を譲り受けてなどいない。

　この所有者こそ、冒頭で触れた小渕後援会の有力幹部・石井康元だったのである。このことを知っているのは古川秘書官、小渕総理など、ごく少数に限られている。古川秘書官が、先の国会質問を受けて慌てて高崎に向かったのはこういう理由があったからだった。

本当の株所有者

石井家にやってきた古川秘書官は紺系のスーツを着て手にカバンを提げていた。高崎で地元秘書を二〇年以上務め、経理を担当している宮前脇子も一緒だった。

石井夫人は、古川秘書官の尋常ではない様子にすぐ気がついた。

古川秘書官は、玄関の三和土《たたき》で突然の訪問を詫びながら靴を脱ごうとするのだが、慌てていたのか、足がもつれて、よろけそうになっている。その顔は真っ白と見紛《みまが》うほどに青ざめていた。それを見て、石井夫人は「いったい何があったのか」と、電話を受けた時と同じ胸騒ぎを感じていた。石井夫人はこの日の昼間、古川秘書官が所有するドコモ株について、小渕が国会で追及されていたことはこの時、知らなかったのである。

石井夫人は石井康元の仏壇が置かれた畳敷きの居間に通した。そこで古川秘書官は手を合わせて焼香を済ませると、

「ご無沙汰しまして、申し訳ありませんでした」

と、石井夫人が恐縮するほど何度も頭を下げた。そして、古川秘書官は、

「これは（小渕総理の）アメリカ外遊の土産物ですが……」

という趣旨のことを言って石井夫人に包み物を差し出した。後で開けてみると、中身はニューヨークのメトロポリタン美術館が扱っているシルクの高級スカーフだった。黒地の布にロートレックの絵があしらわれていた。

古川秘書官と石井夫人は故・康元の思い出話などをしていたが、頃合いを見計らうように古川秘書官はカバンから週刊誌の記事のコピーを取り出し、テーブルの上に置いた。


その記事は前述の「週刊新潮」（九八年一〇月八日号）で、古川秘書官が後にＮＴＴドコモ株に化けることになる上毛通信サービス株の入手先について、「私と同じ高崎出身の一人」などと発言したものだった。

古川秘書官は、その記事を前に石井夫人と次のような会話を交わしている。

古川「この週刊誌の記事は読んでいますか」

石井「もちろん、読んでいますとも。誰だって読んでいるんじゃないですか」

古川「このこと（ドコモ株取得の件）でかつて、何があったのかを思い出してもらえません

か」

石井「思い出すも何も、主人（故・康元）が亡くなった時、私は高崎の小渕事務所の秘書を通して、古川さんに対し『遺産相続の問題もあるので、主人の上毛通信サービスの株を返してほしい。もし万一にも、主人が上毛通信サービスの株の購入代金を払っていないのだったら、すぐに払うので株を渡してください』とお願いしたでしょう。

そしたら、古川さんの返事は『その上毛通信サービスの株は、石井（康元）さんが将来、（高崎）市会議員や（群馬）県会議員になる時に役立てようとしたものだった。そのために用意している株を（夫人に）渡すわけにはいかない』という一点張りだったんじゃないですか」

こう述懐した石井夫人に対し、古川秘書官は何ら異論を差し挟むこともなく、ただ石井夫人の言うことをジッと聞いていた。そして一時間程して古川秘書官は、

「ここに来たことは内密にしてください。いいですね」

と石井夫人に念を押すと、石井家を辞した。

この日の二人のやり取りは何を物語るのだろうか。石井夫人が言う。

「古川さんが（私の所に）飛んでやって来た目的は『この週刊誌の記事を読んでいるか』と聞

かれた時に、私の中でピンときました。上毛通信サービスの株などを巡る週刊誌の記事を既に私は読んでいて、〈この古川さんの持っている株は主人の持っているものではないか〉と直感で分かったからです。古川さんの言う『二十数年前の高崎の支援者の一人』で、上毛通信サービスと接点があるのは、主人以外にいないからです。

しかも、ウチに来た古川さんは『昔のことを思い出してほしい』と言う。だから私は、それこそ二十数年振りに『あの時、なぜ上毛通信サービスの株を私に渡さなかったのか』と、古川さんを責めるように言ったんです。本当は古川さんの方から、『実は、あの株は……』と説明してほしかった。でも、古川さんは自分からは何も言わなかった。どうして、何の説明もしようとしないのか。それが残念でなりませんでした」

要は、石井康元が所有していた上毛通信サービスの株を、石井の死後、古川秘書官は遺族に何の断りもなく、自分のものにしていたのではないか、というのだ。古川秘書官はそのことが外に漏れる可能性があるのか、ないのか、証拠があるのかどうか、石井夫人は何を知り得ていたのか、何の記憶があるのか確かめに高崎にやってきたのではないか。

小渕代議士との出会い

高崎で、自転車の卸業を営んでいた石井康元が代議士の小渕恵三と知り合ったのは七一年四月の高崎市長選の際だった。この選挙で、石井は地元の商業高校の恩師で無所属の候補を当選させるため奔走していた。その対立候補は現職を含め二人いた。それぞれ福田赳夫《ふくだたけお》、中曽根康弘《なかそねやすひろ》が応援していて厳しい選挙戦になった。

この時、石井の側に立って商業高校の恩師を応援してくれたのが当時、当選三回の代議士・小渕恵三だった。結局、石井の応援した候補は当選し、この時が縁で石井は小渕との関係を深めていく。

当時小渕は旧群馬三区の大票田・高崎市で一万票すら取ることができなかった。小渕がことさら自嘲して言う「谷間のラーメン屋」を地で行くように、福田、中曽根という二人の大物の間で落ち穂拾いをしているような状態だった。カネもなければ、力になってくれる地元の有力財界人はほとんどいなかった。

小渕の選対本部は渋川市に置かれていた。大票田の高崎市には運動拠点がなく、それを提供したのが石井なのである。石井は七一年、高崎市郊外に自営していた自転車卸業の倉庫・配送所と事務所を建てた。約二七〇坪の敷地に建てられた二階建ての一階部分（約三〇坪）は石井の事務所などに当て、二階は小渕の事務所として提供した。「小渕恵三後援会事務所」との看板が掲げられ、秘書らが引きも切らず詰めていたのだった。

さらに、石井は自ら政治資金団体を作り、カネのない小渕のために五〇〇〇円、一万円とコツコツ集めて歩いていた。小渕の苦しい時代を支えた一人が石井なのである。

一方で、七二年一〇月、株式会社上毛通信サービスが設立される。その直後、石井は夫人にこう語っている。

「(小渕）代議士が、『石井さんに（上毛通信サービスの）株を分けてやる。これは（未公開株で）誰でも手に入るわけじゃないんだぞ』と言ってくれたんだ。俺も、これで経済人の仲間入りができたのかな」

夫人は、自転車の卸業なのに「経済人」もないだろうと少し可笑しかったことを覚えている。

「主人は上毛通信サービスの株を持てたことを、すごく喜んでいたんです。その株のことで、主人は『鈴木弘さん（上毛通信サービス元社長）から、なんで、こんな若造が株主でいるんだと言われた』と言って、大変悔しがっていました。そのことを私は、主人から何度も聞かされました」（石井夫人）

鈴木弘は上毛通信サービスの創業者の一人で、同社設立の七二年一〇月から取締役、七五年六月から社長を務め、八八年六月に辞任している（九六年五月死去）。

ところが七四年五月、石井は急死する。当時、小渕は総理府総務副長官（七三年一一月就任）。第二次田中内閣の首相特使として「東南アジア青年の船」を立ち上げるためタイなどを歴訪している最中だった。石井の悲報が届いた時（五月二一日）にはマレーシアにいた。小渕はその地から、外務省経由でこのような弔電を送っている。

「キミはすん時をさきてわれを待てり、これが最後の別れとなりしか、キミとの交友関係、つとに長きとはいえず、されど短き中に、フンケイの友たり得るを互に知る」

告別式（同二三日）には古川や小渕の千鶴子夫人らが列席。小渕の弔辞を、叔父に当たる小渕岩太郎が代読している。上毛通信サービスからは初代社長の野口豊治が出席し、一万円の香典と花輪が収められた。

ところで、その告別式の翌日（同二四日）は上毛通信サービスの株主総会だった。石井夫人の当時の手帳には、「ポケットベル株主総会　AM11：00〜」とメモ書きされていた。筆者は、上毛通信サービス元幹部の手帳にも同様のメモが残っていることを確認している。石井夫人は、既にこの株主総会の委任状に石井の実印を押して送付していた。

その後、石井夫人は古川に対し前述したように、「主人の株を渡してほしい」と依頼したのだが、古川は「この株は石井さんが市議、県議になるためのものだった」との一点張りで、なぜか頑《かたく》なに返そうとしなかった。

ところが、康元が死去してからほどない夏の日のこと、古川が石井家に小切手を携えてやってきた。上毛通信サービスの野口豊治社長が石井宛てに振り出した「横線小切手」で、金額は

一一万円余りだった。古川はその小切手を、

「上毛通信サービスの配当金です」

と言って差し出している。石井夫人は当初その受け取りを拒み、こう言った。

「古川さんは、私が『万一にも、主人が株の購入代金を払い込んでいなかったら、すぐに払うから株を返してほしい』と言ったにもかかわらず、株を返そうとしなかったじゃないですか。私の手元に株がないのに、どうして配当金だけ受けとれるんですか」

しかし、古川は「いや、まあそんなことを言わずに」と言って、小切手を引っ込めようとせず二、三度押し問答が続いた。そして石井夫人が渋々受け取ると、石井はこう言った。

「これからも、このぐらい（一一万円余り）の配当が出てくると思わないでほしい。（配当が）永久にあるということではない、これが最後ということもある」

一方、石井夫人は、康元が死去してから四年後の七八年頃まで上毛通信サービスの株主総会の通知を受け取っていたのである。石井夫人は、そのつど委任状に石井の実印を押して送付していたことを記憶している。また、株主への記念品という趣旨で高級な花瓶や銀の箸置《はし》きのセットが送られてくることもあった。それらは今も保存してある。石井夫人は言う。

「株主総会には、死んだ人のハンコを押していいのか、と思いながら委任状を出していたんです。株券はどうなっているのか。その間、小渕さんや古川さんから何ら一言の説明すらなかっ

たんです」

　もちろん古川は、あれっきり夫人に配当金を持ってこようとしなかった。

真の株所有者を示す有力な証言

　ここで、上毛通信サービス元幹部の証言を紹介しておく。この証言を読んでいただければ、株が石井のものであること、古川秘書官が既述したように、なぜ「二〇〇万円」で買ったなどと説明したのかが明瞭になるからだ。

「上毛通信サービスの設立当時の資本金は四〇〇〇万円で、額面五〇〇円の株式八万株でした。その四〇〇〇万円を鈴木社長（前出）は四等分し、それぞれ政治家の『小渕』『福田』『中曽根』、そして電電公社の四つ、計四〇〇〇万円のワクにそれぞれ分け出資者を割り振ったんです。つまりポケベルは当時郵政省の認可が伴う事業だったため、地元の有力な政治家に配慮せざるを得なかったんです。

　で、小渕のワク一〇〇〇万円の株式配分については最初、設立発起人の一人、寿運輸倉庫（群馬県伊勢崎市）の平方昭社長に振ったんです。平方社長はその一〇〇〇万円のうち、四〇〇万円を小渕総理の実兄・光平に譲渡する形で持たせた。残り六〇〇万円のうち四〇〇万円は、鈴木元社長が小渕さんと相談した上でのことなのか、鈴木元社長は、『石井さんという方の名義にしようと思う』と語っていました」

さらに、この元幹部は続ける。

「しかし、この『石井さん』は上毛通信サービスの会社設立の直後に死亡したと聞いています。だから、株主としては設立当初の台帳には載らなかったでしょう。株の購入資金が石井さんの名前で払い込まれていれば、その石井さんに株主総会の通知などが届き、遺族が大騒ぎするはずですよ」

ところが、これまで既述した石井夫人の話にあったように、石井夫人には石井康元の死亡から四年ぐらいの間、株主総会の通知が届いていたのである。これは石井が株主として存在したことの証左だろう。

また、この元幹部はこうも語った。

「古川秘書官が上毛通信サービスの株主だったということや九八年一〇月、古川秘書官がＮＴＴドコモの株主だったということを初めて知り、驚いた。いったい、誰から上毛通信サービスの株を手に入れたのでしょうか。

上毛通信サービスの定款には、『当会社の株式を譲渡するときは取締役会の承認を要する』という規定があるが、古川秘書官への株譲渡が取締役会で諮《はか》られたことは聞いていない。

だいたい小渕さんの説明に限ると古川秘書官が（上毛通信サービス）株を取得したという

『八八年六月』（九八年一〇月、衆院予算委）は、小渕さんは竹下内閣の官房長官で、古川さんはその秘書官ですよ。古川さんが株主になったら、すぐに外部に分かることだし、会社側も『小渕官房長官の会社か』と指弾を浴びる。（小渕も）古川が株主になることに抵抗するはずですよ」

こうして見ると、古川秘書官はいったい誰から株を譲り受け株主になったのか、まったく不可解でならない。石井夫人の証言、上毛通信サービス元幹部の証言などを重ね合わせれば、石井康元が所有していた株を何らかの形で譲り受けたとしか考えられないのだが、まだ断定はできない。

内部文書の存在

じつは、筆者はこの取材の過程で二通の文書を入手した。いずれも、NTTドコモの「内部文書」だと見られる。そのうちの一通をここで紹介しよう。

文書には、古川秘書官の持ち株一三五株の入手時期と入手先について、「参考」と断わった上で次のような記述がある。

「古川俊隆（小渕首相の秘書）の持ち株数一三五株〈取得時期：S63・6・21 上毛通信サービス、発起人平方氏（地元有力者：寿運輸社長）から小渕の前任秘書石井氏がS48・10・16に譲受けたものを、後任秘書古川氏が譲受け〉」

つまりこの文書によると、古川秘書官は八八年六月二一日、「石井秘書」から上毛通信サービスの株を譲渡されていたことになる。もちろん、石井秘書と言えば石井康元しかいない。

文書は、前出の上毛通信サービス元幹部の証言とピタリと符合する。古川は上毛通信サービスがＮＴＴ中央移動通信となる四カ月程前に突然、石井に代わって株主となったのだ。

では、古川は一〇年以上も前に死んでいる石井から、どうやって八八年六月に株を「譲渡」してもらったのだろうか。

ごく常識的に考えれば、石井所有の株を相続した夫人から譲り受けたということになるが、夫人は古川から、そうした依頼を受けたことは一度としてない。それどころか、夫人は二〇年もの長い間、古川と会っていないのだ。つまり古川は本来の「所有者」に何の断わりもないまま、自分のものにしてしまったとしか考えられない。

畢竟《ひっきょう》、古川秘書官はドコモ株を取っただけでなく、本来なら石井夫人が受け取る権利がある配当金まで、結果的にむしり取っている。これが小渕総理のために事務所まで提供するなど数々の汗を流した地元秘書とその遺族への仕打ちなのか。あまりに酷《むご》いとしか言いようがない。

石井夫人は、このような「内部文書」の存在は知らなかったが、冒頭で触れたように古川秘書官の突然の高崎への来訪を受けて、古川秘書官の持っている上毛通信サービスの株は夫のものにちがいないという確信を深めた。古川秘書官はその後、一本の電話もかけてこなかった。

石井夫人は言う。

「利用できる時は利用し、あとは知ったことじゃない、そういうやり方が許せないと思ったのです。私は、古川秘書官が家まで来たのは小渕総理の指示があってのことだと思っています。そして、私に『内密に』と言って口止めし、外ではウソを言い続ける。私が何も言わなければ、それで一件落着したとでも言うのでしょうか。私は、夫と小渕総理の関係と、この株の問題は別だと考え、迷いに迷って自分の権利を主張することにしたんです。そうでなければ夫が浮かばれません」

石井夫人は九九年四月、古川秘書官に対し弁護士を通じて次のような通知書を渡した。

「(古川秘書官はNTTドコモの前身の)上毛通信サービスの株式を通知人(=石井夫人)の夫である亡石井康元から譲り受けたと主張しています。しかし、康元が所有する株式を貴殿(古川秘書官)に譲渡したことなど一切なく、貴殿の主張は事実に反するといわざるを得ない。ついては、直ちに株式を通知人に返還してください。また万一貴殿が株式を譲り受けたとの主張を維持するのであれば、その日付、代金支払方法、売買契約書及び領収書の有無につき、証拠を添えて説明をして下さい。しかるべき対応がない場合は、遺憾ながら法的手続きをとることになります」

これに対し、古川秘書官は弁護士を通じ、

「申し入れについては、現在も事実関係につき、裏付けを確認すべく努力しています。現状では、(通知書への)回答は未だ熟していません」

という連絡書を送付してきた。自らの株取得についてやましいことはないと主張するのは、じつは簡単なことなのである。決して、無理難題ではない。

上毛通信サービスの取締役会に提出されているはずの、①譲渡側から提出される譲渡承認請求書、②当事者間で交わした有価証券取引書、③譲渡された側から提出される株式名義変更請求書、さらに④その譲渡を諮った取締会議事録、⑤譲渡承認後作成された株主名簿(株主台帳)——のいわゆる「五点セット」を提出すればいいのだから。ここまで疑惑を持たれた以上、総理秘書官という公職にある古川はその五点セットを公表すべきだ。

すべては小渕総理の指示?

古川秘書官が小渕総理の秘書になったのは六八年のこと。以来、三〇年以上にわたり小渕総理の「側近中の側近」「分身」として、小渕総理をサポートしてきた。二人は一心同体と言ってもいいだろう。この「株譲渡」も、古川秘書官の独断とは考えにくい。小渕総理も当然知っていたとみるのが自然だ。もともと、古川秘書官が所有するドコモ株は古川秘書官の名義になっているだけで、本当の所有者は小渕首相ではないかとの疑念もあるほどだ。

石井夫人が指摘するように、国会で小渕総理への質疑があった夜、古川秘書官が高崎にやってきたのは小渕総理の指示ではなかったか。

古川秘書官は私の取材に対し、代理人を通じて次のように回答してきた。

「九八年一〇月頃、石井さん宅を訪ねた。これは同年九月二五日参議院本会議で、上毛通信サービスの株式について、小渕総理に質問があったため、その調査として石井さんを訪ねたもの。『石井さんは株を持っていましたか』と尋ねたところ、『持っていたこともないし、記憶にもない』との答えを得た。また、石井氏から内容証明便にて、株式返還の申し入れを受けたが、事実に反し、根拠がない」

要は、株式は石井から譲渡されたものでないとしているわけだが、ならば、なぜ石井夫人のところへ調査しに行ったのか。また、石井からでなければ、誰から譲渡されたというのか。

石井夫人は言う。「古川さんは怖い人ですね。私が話したことを巧妙にすり替えている。そうまで言うのであれば、私は古川さんにお目にかかって直接、お話しします。いつでも結構です」

総理秘書官と、秘書（故人）夫人が争う――。前代未聞の出来事に小渕総理はいったい何を考えていたのか。小渕総理がことさらに口にした「富国有徳」ではなく、「不徳亡国」こそ彼には似合いではなかったか。

小渕家の骨肉の争い

緊急の親族会議

小渕恵三が総理に就いていた一九九九年一一月中旬のことだ。恵三の地元・群馬県吾妻郡中之条町に、恵三の兄弟姉妹らが駆けつけ、緊急の親族会議が持たれた。

親族会議のきっかけになったのは、前述したように八〇年七月に恵三の兄・光平が起こした交通死亡事件のことだった。小渕家で遺族に三〇〇〇万円払うことで封印してきたこの事件がなぜか、一九年振りに蒸し返され、「週刊現代」で拙文による「地元（当時）も猛反発　小渕兄弟の『血塗られた秘密』を暴く！」（九九年一一月二〇日号）と報じられたのである。記事の内容はこのようなものだ。

八〇年七月の夜、中之条町の目抜き通りで事件は起こった。恵三の兄で現中之条町長の光平（七〇歳）が酒に酔い車を運転し、八百屋を営んでいた当時七三歳の男性をはね死亡させるという事件を引き起こした。ところが、その後光平は警察から厳しい取り調べを受けることなく、わずか一日の勾留で釈放された。そこには弟・恵三と当時所属していた田中角栄率いる最大派閥・田中派の政治力が陰に陽に働いたのではないか——。

親族会議は深刻な雰囲気に包まれた。恵三は四人兄弟で、兄・光平の他に姉（当時六六歳、中之条町在住）と妹（同五九歳、神奈川県逗子市在住）がいる。夫婦でこの会議に参加する親族がいる一方で、恵三自身は会議に顔を見せることはなかった。が、会議の内容は後に恵三本人にも伝えられたという。

当然のごとく、親族会議で集中砲火を浴びたのは長男・光平だった。当時、光平は中之条町長を務める傍ら、恵三の地元後援会の最高幹部の一人で、総理のファミリー企業・光山社《こうざんしゃ》グループの代表を務めていた。しかも光平自身は二〇〇〇年一月の町長選（二期目）に再出馬を表明していたのである。

親族会議では光平に対し非難の声が上がった。

「週刊誌にあんな記事を書かれて、どうするんですか。町長になんかなるから、昔のことも書かれるんです。今回の町長選に出るのは思いとどまってほしい。会社（光山社グループ）の経営に専念しなくちゃならないほどの厳しい経営状態ではないんですか」

これに対し光平はこう開き直った。

「おまえらには関係がない。俺は、たとえ会社を潰すことになっても町長選に出る。町長を続けるんだ」と親族の言葉に耳を傾けようとしなかったという。親族の関係者が言う。

「町長（地元は光平をこう呼ぶ）は、弟の恵三さんばかり脚光を浴びることへのひがみもあって町長の椅子にしがみつこうとしているような人。恵三さんにすれば交通事故とはいえ人一人を殺《あや》めた兄が町長選に再出馬することに反対だという気持ちの一方、地元の町長の椅子を他人に奪われたくないという欲があるのも事実。だから恵三さん自身は、こうした親族会議で兄に面と向かって意見することを避けているんですよ」

親族会議では町長選以外にも重大な問題が話し合われた。小渕家の「経済問題」である。九六年に八〇歳で死去した小渕兄弟の母・ちよの遺産約二億円の相続問題、さらに恵三の一族の関係から光平が入手することのできた「ＮＴＴドコモ未公開株」二七〇株・四六億九八〇〇万円（当時）の分配などをめぐり喧々囂々《けんけんごうごう》、時に諍《いさか》う場面もあったという。ちよの遺産問題はかねて親族の諍いのタネになっていた。親族の関係者らの証言から、この日の親族会議の一部始終を再現してみたい。

親族「なぜ兄さんは、母さんの遺産（約二億円）を私たちに分けないんですか」

光平「おまえらには関係がない。だいたいオフクロが死んだ時、おまえらは『遺産放棄』のハンコを押したじゃないか」
親族「だって、あの時は兄さんが『税務署に急いで行かなくてはならない』とか言って、遺産の内訳や相続税の負担などについて時間をかけて説明しようとしなかったじゃないですか。こちらが十分に納得できないまま、なかば無理やりにハンコを押させたようなものじゃないですか」
光平「そんなことはない。そんなに遺産、遺産と言うんだったら、弁護士を立てて裁判でも何でも起こしたらいいじゃないか」
親族「もっと兄さんと話し合おうと何度も町長室に電話をしても、兄さんは電話に出ようとしなかった。あまりにも、ひどい仕打ちじゃないですか。だいたいＮＴＴドコモ株だって、そのもともとの購入資金は母さんが出したものでしょう。株を手離さずに保管してきたのも、母さんじゃないですか。そのドコモ株まで欲しいとは言いませんが、母さんの遺産だけはきちんと分けてほしい」
光平「ドコモ株は、おまえらに関係がない。この株は俺が持ってきたものなんだ」
親族「会社（光山社グループ）の経営だって大変な状態だというじゃないですか。兄さんの息子が先物相場で穴をあけたらしいですが、その穴はどうやって埋めるんですか」
光平「俺がドコモ株を売ってでも埋める」

親族「それにしても、兄さんの態度はひどい。それで、よく町長が務まるものです。町長にはふさわしくない。（次期町長選に）出るのはやめるべきじゃないですか」
光平「俺は（再出馬し）絶対に町長になる。たとえ会社が潰れても町長になるんだ」

兄さんを当選させてはならない！

この親族会議の後、ある親族は激昂《げきこう》し、こう口走ったという。

「光平さんは町長になるべき人物じゃない。あれでも人間の血が流れているのか。このような人物に町政を任せたんでは、町民がかわいそうじゃないか。光平さんを当選させてはならない」

しかし、この親族はその後、小渕後援会幹部からこう諫《いさ》められたという。

「恵三が総理でいるうちは、裁判なんて早まったことをすべきじゃない。自重しないと、恵三がきょうだいの争いで苦境に立つことになるだけじゃないか」

いずれにしても、恵三の兄弟姉妹は遺産相続で骨肉の争いを繰り広げていたのである。世間には「兄弟は他人の始まり」という諺がある。親が死亡しその遺産を巡り、諍いになることは世間で間々あることだが、日本の総理の兄弟姉妹が遺産問題で言い争い仲違《たが》いをしていたとは驚きを禁じ得ない。しかも本来なら、出世頭である恵三が、一族の争いの矛を収めるよう説得してもいいはずなのに、それに乗り出した形跡はない。ある親族はいう。

「恵三さんは、親族に『兄さんにはあれほど注意しろと言ったじゃないか。まったく兄さんにも困ったものだ』とこぼすだけで、町長に直接物を言うわけではない。自分からこの問題に手を染めようとしないんです。恵三さんの家族が中之条町に帰ってきても恵三さんの実家に泊まらないのは、こうした出来事もあるからなんですよ」

小渕一族が仲違いを始めるようになったのは、一族の要《かなめ》だった母・ちよが亡くなった九六年からだった。

ちよは、ファミリー企業・光山社グループの創業者で衆院議員を二期務めた夫・光平（同名を長男・光平が襲名）が五八年に亡くなった後、会社を一人で切り盛りしてきた。家業の光山社グループは長男・光平に、政治は次男・恵三に、と兄弟の道を分けたのはちよである。

ちよは夫の弟・小渕岩太郎と共に光山社グループを盛り立て、最盛時には製糸の光山社やNECと業務提携をしている光山電気工業を中核に、運送・石材・製材業など一二のグループ企業があった。グループの元幹部Aが言う。

「ちよさんは、製糸工場でソロバンを弾いて仕事を覚え、グループの屋台骨を支えた苦労人。恵三の当選四回ぐらいまでは選挙資金の面倒も、ちよさんが見ていた。町長が人をはね死亡させた時も、遺族に渡す三〇〇〇万円のカネを工面したのも彼女だった」

ところが、ちよが高齢で一線から退き、長男・光平が光山社グループを率いるようになると経営に影がさすようになったという。別のグループ元幹部Bが言う。

「町長は、とにかく会社の経営に熱意がない。経営の年次計画を立てても資金繰りなどは率先してやろうとしない。だから従業員も町長を信用していない。その結果、グループ企業の年商は最盛時の半分程に減った。黒字を計上しているのは光山電気工業ぐらいで他は赤字という状態なんです」

恵三は光山社グループの大株主で光山社株を一万四〇〇〇株、光山倉庫株を六〇〇〇株保有している（九九年の閣僚資産公開）。

このファミリー企業に三年前に国税庁の調査が入ったこともあった。

「東京から国税庁の調査官が来て一週間程調査をしたんです。恵三の地元運転手の給与が光山電気工業から出ていたことや、光山電気工業の経理の不透明さなどが問題にされたようです」

（前出・元幹部B）

さらに、ある親族はこう嘆く。

「町長は、三〇歳前後の自分の息子二人をグループの役員に就かせたばかりか、その息子の一人が先物相場で億単位の穴をあけたという話がまことしやかに流れているんです」

この光平の息子の先物相場を巡る話が、親族会議での既述した光平の「ドコモ株を売ってでも」という発言につながるわけだ。

地元住民の怒りがついに爆発

小渕家の骨肉の争い、ファミリー企業の経営難など総理の恵三にとっては頭の痛い問題だが、こうした小渕一族の存亡を地元住民は冷ややかに見ている。それどころか、中之条町の間では小渕兄弟の「圧政」と呼ぶべき手法に対し怒りの声すら上がっていた。

その火ダネになっているのは、前述した小渕兄弟の推し進めていた「平松礼二美術館」の建設問題だ。この計画は、中之条町の放牧地約五万平方メートルに、日本画家・平松礼二の作品を展示する美術館を建設しようというものだった。美術館の本体工事や庭園整備などで建設費は総額三〇億円とみられている。一方、小渕町長自身から町民に一度も説明がなされていないことにもかかわらず、総理の恵三が自慢気に、「僕の生まれた町に、平松先生が美術館を作ってくれるんだ」と発言（九九年九月四日）したことが報じられ、これが町民の神経を逆撫でした。ある町民は言う。

「中之条町の人口の二五％は六五歳以上の高齢者。その高齢者に、小渕町長が『敬老の日』に配った記念品は手拭い一本。それなのに町に縁もゆかりもない平松礼二の個人美術館に三〇億円を投じ年間、おそらく億に近い運営費を町民に負担させようというのでしょうか。小渕一族はいったい何様のつもりかと言いたい」

その後、美術館の是非を問う住民投票を町に求める「住民投票を実現する会」（青柳健一代表）の署名約七五二〇名、「中之条町民の声を町政に反映する会」（浅見三男代表）の署名約一三六〇名の計約八八〇〇名の署名が一一月、小渕町長へ提出された。この数は中之条町有権者約一万五〇〇〇人（全人口約一万九〇〇〇人）のじつに六割に匹敵する。恵三が九六年一〇月の総選挙で、中之条町で獲得した約八五〇〇名すら上回っているのである。

さらに、美術館建設のために小渕町長が指名した「美術館検討委員会」のメンバー（一四名）にもなっている不動産業者らが、建設予定地の土地買い占めに乗り出しているという疑惑すら噴出。「住民投票を実現する会」の青柳代表は、「小渕町長は醜悪《しゅうあく》にも業者と癒着しているといっても決っして過言ではない」と批判してやまない。

なぜ小渕総理は倒れたのか

「第二のリクルート疑惑」の可能性

二〇〇〇年四月に小渕総理が脳梗塞の病に倒れて一カ月以上が過ぎたころ、後継には次女で元TBS社員の優子（当時二六歳）が本命視されていた。

「地元（群馬・中之条町）後援会幹部らは会合で『小渕の火を消すな』と威勢のいい声が上がるものの後継問題には熱が入っていない。原因は東京で育った優子の人となりを後援会メンバーらはほとんど知らないことと、千鶴子夫人が未だ恵三が再起するという気持ちに囚《とら》われているからなんです。本来なら、小渕一族で後継問題の采配を振るう立場にあるのは本家筋の光平（中之条町長）だが、彼は何の手も下そうとしないし、その実力もない。千鶴子夫人は、恵三を見下しながら使う時は使う義兄の光平に反発し『本家（恵三の実家）には頼らない』と口にしているんです」（小渕後援会幹部）

緊急事態の中、小渕一族は結束するどころか、仲違いの様相を呈していたのである。

小渕総理は四人きょうだいで、男の兄弟は兄・光平一人だけ。中之条町の町長を務めていることから、政治にズブの素人の優子ではなく、光平が後継に出ても不自然ではない。ところが、そういう声は中之条町からまったく聞かれない。光平本人にもその気はないようだ。

というよりも、光平には出たくとも出られない事情を抱えていた。先の国会でも大問題となったNTTドコモ株疑惑で、これが小渕総理を脳梗塞の病に追い込んだ可能性すらあるからだ。

小渕総理の兄・光平と古川俊隆秘書官はドコモ株をそれぞれ、光平が一三五〇株（当時の時価約四七億円）、古川が六七五株（同約二五億円）を保有しているが、その株取得の経過が不透明で、濡れ手で粟の「第二のリクルート疑惑」に発展する可能性を孕《はら》んでいた。

一般には入手できない値上り確実なドコモの未公開株を、この二人は易々《やすやす》と入手していた。ドコモの未公開株を入手できた個人は国内にわずか九人しかいない。そこに、「郵政族のドン」小渕総理の政治力が働いたことは想像に難くない。

一方、小渕総理が病に至るまで苦しんだのは国会でドコモ株疑惑が集中砲火されただけではない。ある事実が近々露見することを知ったからである。

その事実とは、兄・光平が保有するドコモ株のうち三分の一強を既に売却し、巨額の利益を得ていたことだ。私が、光平によるドコモ株売却を確認できたのは二〇〇〇年四月、中之条町に提出された光平町長の資産報告書と所得等報告書からだ。

二〇〇〇年一月に投開票された町長選で光平は再選されたが、条例によって町長は一〇〇日以内に資産公開することが義務付けられている。光平の所得等報告書によると、総合課税と分離課税に分かれ、分離課税の「株式等の事業・譲渡、雑所得」に所得金額として、「1、307、300、000」との一〇桁《けた》の数字が並んでいる。つまり一三億七三〇万円で、驚くべき巨額の株式売却益の記述だ。さらに、「起因となった事実」の欄には、「NTT移動通信網㈱」と記してある。つまり、NTTドコモ株を売却して得た所得ということだ。

一方、資産報告書に目を転じると、所有する「株券」の欄に、「NTT移動通信網八八〇株」とある。前年九九年の資産報告書（九八年一月～一二月の一年分）では、光平の所有するドコモ株は二七〇株だった。その後、ドコモ株は九九年九月に一株が五株に株式分割され、光平の持つドコモ株は二七〇株の五倍で、一三五〇株になっている。ところが、今回光平が報告したドコモ株は前述のように八八〇株。このことから光平が、一三五〇株のうち三分の一強を売り払って、一三億七三〇万円を得たことがわかる。

繰り返しになるが、所得等及び資産の報告書は九九年一月から一二月までの一年間の収入について記されたもの。つまり、光平は弟の恵三がドコモ株疑惑を国会で追及される以前に、ドコモ株を売却していたことになるわけだが、この事実に改めて呆然とせざるを得ない。単純計算で、売却時の一株当りの株価は二八〇万円。この株価から考えると、ドコモ株を売った時期は九九年一一月頃と推定される。

実兄がドコモ株売却で大儲けをして、既に一三億円もの巨額なカネを手にしている――国民にいったい、どう説明ができるのか。小渕総理はさぞや、一睡もできないほど一人悶々と悩み苦しんだことだろう。隠そうにも、一〇〇日以内に提出と定められた資産報告書にウソを書かせるわけにもいかないし、それを通り越したとしても、まもなく発表される長者番付で確実にバレてしまうからだ。

苦しい国会答弁

ところで、小渕総理はこの兄のドコモ株売却の事実をいったい、いつ知ったのだろうか。というのも小渕総理は、この事実をまったく知らないかのような国会答弁をしているからである。

小渕総理は二〇〇〇年二月十四日の衆院予算委員会で民主党・菅直人《かんなおと》政調会長（当時）から、「小渕光平さんは、（現在も）株券を持っておられるわけですか」と質問されたことを受け、こう答弁している。

「調査に当たりました弁護士によりますと私の兄は、（中略）株券の引き渡しを受け、これを以後保管しておったということでありまして、まさかこのような株価になるなどということはゆめゆめ承知をしませんで、田舎の会社に金庫に眠っておった、こういうことでございまして、今もおそらくそれは保存されておるもの、このように考えております」

　さらに菅から、「本人に確かめられたんですね。弁護士とかじゃなくて、お兄さんのことですから、お兄さんとの関係でお兄さんに聞かれればわかることですから」

　と聞かれ、小渕総理はこう答えている。

「国会で話題になるから、どうなっているんだと言いましたら、先ほど御答弁を申し上げたこととしてお聞きをした、こういうことでございます」

　ドコモ株は保存されているもの、と小渕総理は明白に答弁しているのである。さらに同日の予算委員会で社会党・保坂展人《ほさかのぶと》衆議院議員に対し、小渕総理は今度はこう答弁していた。

「（八八年のリクルート事件での）リクルート株は未公開株を手にした者がそれを売却することによって売却益を出したかどうかということでございまして、この古川秘書官が受けましたのは、いまだこれは売却もしておりませんので、そういう意味でおのずと性格を異にするものだろうと思います」

要は、株を売らずに持っているから、濡れ手で粟ではない、売却して利益を得ていないのだから、リクルート疑惑とは違うのだという身勝手な論法を披露したのである。ここでは古川秘書官の名誉と名前を挙げているが、光平の所有する株についても同様の認識とみてまちがいないだろう。

時計の針を戻すと小渕総理はドコモ株が上場される直前の九八年一〇月の国会でも、こう答弁していた。

「少なくとも、私が見るところ、今日までこれ（ドコモ株）を売却しておらないということを考えると、利益を求めて物を得たというようなことはまったくないと私は考えております」

ところが、実際はまったくちがう。光平は上場後、一年程の間に株を売却し利益を得ていたのだ。国民に説明がつかないどころか、小渕総理は国会でウソをついていたことになる。

兄の株売却を小渕総理が知ったのは遅くとも二〇〇〇年三月後半ではないか、と私は推測する。そう考える理由はある。もともと、小渕兄弟は決して仲のいい兄弟ではなかった。小渕総理の知人はこう言う。

「光平がこれまで直接、弟の恵三と話をすることはめったになかった。光平は昔から、『本家の主は俺だ。分家した恵三の指示は受けない』という気持ちが強く、兄弟仲はうまくいっていない。気位が高く、兄としてのメンツもあって弟の恵三に本当のことがなかなか言えなかったのではないか」

　じつは小渕総理が倒れる直前の二〇〇〇年三月二四日、私は中之条町役場町長室で光平と会っている。その時のやり取りは次のようなものだった。

――ドコモ株は売っていないのですか。

「それ（売却のこと）も含めて、すべて私個人のことですから」

――売っているのか、売っていないのか、どちらですか。

「いや、いや、時期が来たらね……」

――ドコモ株とは、小渕総理が兄である町長に持ってくれるように言ったから、持っているのですか。今、小渕総理とはどんな話をしているのですか。

「いや、いつかは（話をする）。本当に」

――総理とは話をしていないのですか。

「個人的なことですから。（話は）できる時があれば、しますよ」

　無論、当時の私は光平の株売却の事実を知らない。この時の、光平の言葉のニュアンスはドコモ株を既に売却し、そのことを小渕総理に伝えていないようにも受け取れなくはない。おそらく光平は私の取材を受けドコモ株売却が表沙汰になることを知り、これ以上は隠せないと観念し小渕総理に株売却の事実を伝えたのではないか。それは私の取材を受けた三月二四日以降、数日の間のことだったと思われる。

そして、倒れた

知らされた小渕総理は激しいショックに襲われたはずだ。野党から「総理のウソ」と追及されるのは火を見るより明らかだからである。何より、一三億円もの莫大な株式売却益を実兄が懐にしていることを生活苦にあえぐ国民にどう説明できるのか。小渕総理の苦悩ぶりが目に浮かぶようだ。そして小渕は四月二日夜未明、倒れた——。

一方、今回提出された資産と所得等の報告書を見ると、売却益の一三億円は預金されたわけではなく、土地・建物の購入や新たな株式投資に使われた形跡もない。

光平の預金は「一一万三七八二円」と記され、一三億円はきれいに消えているのだ。小渕家の親族によると、光平の子息が相場で失敗し、その穴埋めに使われたはずと指摘、その損失額は五億円にのぼるという。

仮にそうだとして、では一三億円のうち五億円を差し引いた後の残り八億円はどこに消えたのか。光平から恵三に何らかのかたちで渡っていた可能性も否定できない。そうだとすれば、繰り返しになるが小渕総理は九九年の段階で、実兄の売却の事実を知っており、国会で堂々と何食わぬ顔でウソをついていたことになるだろう。

改めて光平に話を聞こうと、何度も町役場で接触を試みたが、逃げるばかり。ようやく五月一〇日、役場内を手を振りながら逃げ回る光平を直撃した。

――一三億円のドコモ株をいつ売ったのですか。

「関係ない」

――関係なくはないでしょう。答える責任があります。

「いや、関係ない。私のことだから」

――なぜ、そう言えるのですか。

「もう、あなたは来ないでほしい」

結局、何も答えようとせず役場内から逃げてしまった。

中之条町議会でドコモ株疑惑を追及した原沢今朝司町議はこう話す。

「小渕光平町長は、私が何度も『ドコモ株一三五〇株を持っているのか』と質したのに対し、それに答えようとせず、『(ドコモ株で)資産を増やしたことはありません』と、ウソの答弁を繰り返していたわけだ。一三億円の売却益を得ていたということは濡れ手で粟どころの話ではない。いったい、何にそのカネを使ったのか。はっきりさせる政治的・道義的責任がある。国会で大問題になっている時に、実兄が何もなかったように口を拭っていたわけで到底許されることではない」

小渕総理を苦しめた実兄のドコモ未公開株売却。小渕総理の倒れた最大の原因はこの株売却にあったと改めて指摘せざるを得ない。優子はその問題を突きつめることなく後継に名を連ねたのである。

城代家老・折田謙一郎の暴走

政治資金収支報告書の虚偽記載

その屈強そうな体軀《たいく》の男は前を見据えたまま語った。

「（政治資金の虚偽記載の）解明は簡単なことではない。刑事責任を問われ身柄を拘束される可能性もある。とても町長はやれない」

二〇一四年一〇月二日、小渕家の地元・群馬県の上毛新聞記者に語ったこの言葉を最後に、同県吾妻郡中之条町長・折田《おりた》謙一郎《けんいちろう》（六六）は行方をくらませた。町長の責務を放り投げたのである。

その後、彼の所在を巡り「東京・赤坂のホテルニューオータニで自民党に缶詰めにされている」「高崎市内の自身の事務所に戻っている」といった憶測が飛び交う。カメラが彼の姿をとらえるチャンスも数回あったが折田は取材を避け逃げ続けた。すべてを抱えて表舞台から姿を消そうとしているかのようだった。

小渕《おぶちゆうこ》優子経済産業大臣（当時四〇歳。以下、優子と略する）が安倍総理に辞表を提出した同じ日の一〇月二〇日朝、中之条町で町議会議長に辞表を提出した後に役場裏口に姿を現した折田は「私が政治資金の実質的な責任者です……」と言葉少なに釈明した。

優子や折田の辞任のヒキ金になったのは、東京・明治座で開かれた優子支援者の観劇会の約一億円もの収支がズレているという問題が「週刊新潮」（一四年一〇月二三日号）によって浮上したためだった。

折田は、その収支のズレについて、「指摘を受ければその通りだが、提出した段階では（矛盾や違法性があると）考えなかった。それ以上のことは言えない」（上毛新聞一四年一〇月二一日付）と語った。

折田謙一郎とはいったい、どのような男なのだろうか。

折田は、二〇〇〇年五月に脳梗塞で急死した小渕恵三元総理、その後継となった娘（次女）・優子と、父子二代の秘書を約三〇年務め、〇八年に小渕事務所を退職し顧問に就いたものの地元で事実上采配を振るう「城代家老」と言うべき人物だった。

折田が人口約一万八〇〇〇人の中之条町で町長選に立候補し、無投票で当選したのは二〇一二年。折田はこの町長職の傍ら優子の事務所に出入りし、優子の陰の金庫番という顔を持ち続けたのである。

「折田さんは、地元で優子さんに顔を出してほしい会合があれば電話一本で彼女を呼びつけていました。町長の仕事で出張先にいても、しょっちゅう優子さんに電話をかけて、ああしろ、こうしろと指示していた。町長でありながら優子さんの面倒を見続けていたんです」

中之条町役場関係者はそう明かす。また、恵三時代からの支援者はこう語った。

「優子さんは地元でも酒豪で知られていますが、ある会合の席で、酔った彼女が『私の酒を止められるのは折田さんしかいないわ』と言って持ち上げていたのを見たことがあります。

優子さんにとって、折田さんは父親代わりのような存在だった。地元のことが分かる秘書が他にいなかったんです。ただ、長年裏道を見歩きしてきた人だから、表に出たら『叩けば必ずホコリが出てくる』とかねてから囁かれていた」

さらに、小渕後援会幹部が語る。

「折田さんは恵三さんの時代からの古参秘書で、優子さんの幼い頃から面倒を見てきた。優子さんを『姫』『ユーリン』と呼ぶ国家老。その影響力は絶大で、大澤正明・群馬県知事の後ろに控える『陰のドン』とも囁かれている。県庁の課長クラスは基本的に呼び捨てで、自慢気に『右翼もヤクザも怖くない』と語ることもあった。一昔前、恵三さんの選挙の頃、何百万円もの札束の入った紙袋をこれ見よがしにママに預け、業者と飲んで羽振りのいいところを見せつけていたのは地元で有名な話です」

折田謙一郎の経歴

折田は単なる秘書にとどまらず、優子の指南役であり政治活動の師でもあった。一方で、古くからの恵三支援者や町政関係者らを別にすれば、折田は町長選に出るまでそれほど知られた存在ではなかった。

「なにしろ折田は普段は群馬の中心地になる高崎の事務所から連絡を入れて支援者に指示を飛ばしていた。高崎から中之条町まで車で一時間以上はかかる。中之条に頻繁に顔を出すような時間はなかったでしょう」（前出・恵三時代からの支援者）

地元住民によると、中之条町出身の折田は中之条高校を経て群馬県立農林大学校（旧農業講習所）を卒業。自動車のセールスマンをしていた頃に恵三の親族と出会い、地元秘書になったという。

当時恵三の選挙区の群馬旧三区（現五区）は福田赳夫、中曽根康弘を輩出した有数の激戦区で、恵三自身が「ビルの谷間のラーメン屋」と自嘲していたという逸話が残っている。恵三が所属していた派閥は田中角栄率いる田中派だった。恵三の後援会元幹部によると、選挙を前に高崎の駅長室に来た角栄は恵三に一〇〇万円の軍資金を渡した後、恵三を叱咤《しった》。恵三は首を垂れて涙を流していたという。

「何が谷間のラーメン屋だ。そんなことで悩む暇《ひま》があったら郷里の田畑を歩け」

その角栄の言葉が、四九年に衆議院議員になり五八年に五四歳で急死した立志伝中の父・光平の跡を継いだ世襲議員に過ぎなかった恵三に応えないはずはない。

一般に世襲議員は東京育ちで地元を知らず、地元での選挙活動は「地元組」の秘書に頼りきりという人物が多い。恵三も中学校から東京暮らしで、早稲田大学卒業後わずか二六歳で初当選したとはいえ地元は秘書任せにしていた。苦労知らずの恵三にとって折田は、そうした地元組の秘書の一人だった。

「当時選挙区内は福田系の家と中曽根系の家の真っ二つに分かれていて、『小渕ですが』と言って玄関を開けると、『顔を洗って出直して来い！』と怒鳴られたもんです。そのくらい、恵三さんの知名度は低かった。

折田さんは、永田町の議員会館に詰めている東京の大学出の秘書に『あいつら、地元の苦労を知らないくせに』と決していい感情を持っていなかった。東京で恵三さんの事務所を仕切っていた主な秘書は早稲田大学雄弁会のOBですから、ずっと群馬で生きてきた折田さんにはコンプレックスもあったと思います」（前出・後援会幹部）

その後、恵三が竹下登内閣の官房長官、そして総理と権力の中枢を占めるにつれ地元住民を取りまとめる折田の存在感も増していった。ところが周知の通り、総理の任期なかばにして恵三は脳梗塞に倒れ他界する。それは折田にとっても転機だった。

恵三の死からわずか一カ月余り後、総選挙に出馬することになった優子には古くから地元を把握している秘書が、もはや折田の他にほとんど残っていなかったのである。

「優子さんの母・千鶴子さんも中之条町出身ですが、恵三さんと結婚してからはずっと東京住まいで地元のことは分からない。千鶴子さんは優子さんと相談し、『地元のことは折田さんに頼みましょう』となった。そこから折田さんは伸し上がってきた」(中之条町政関係者)

折田謙一郎の一気の台頭

優子は、初陣となったこの総選挙で約一六万票の大量の票を得た。恵三の弔《とむら》い合戦だったことや九六年から導入された小選挙区制への移行なども背景にあったが、これは何よりも折田の手腕を物語る結果だった。

優子の事務所は、東京も群馬も折田の独壇場になっていった。優子の元後援会関係者が言う。

「折田さんは自分の意に沿わない秘書や古参の秘書を切って遠ざけ、『自分が優子の後見人』と我が物顔で振る舞うようになった。優子さんは三人兄弟の末っ子ですから、二〇歳以上離れた折田さんに父親の影を見たとしても不思議ではありません」

やがて折田は、優子の知名度が高まるにつれ、自民党群馬県連でも采配を振るうようになっていく。その影響を示したのが、二〇〇七年七月の群馬県知事選。この時自民党の公認を得て当選した大澤正明（現職）は、全国でも唯一の「政党公認県知事候補」として話題になった。
「この選挙の際、県連を陰で仕切ったのが折田さんだと言われています。もちろん、優子の意向も働かなかったとは考えにくいのですが」（全国紙政治部記者）
群馬は優子の登場でさらに、父・恵三に続く「小渕王国」一色に染まっていったと言っても過言ではない。
折田自身が中之条町長選で無投票当選した際も、地元では「対立候補が出ないように事前に工作を行なった」というのがもっぱらだ。じつは対立候補の出ないようにすることが折田の立候補の「条件」だった。町長選を前に共産党（二名）を除く町議の大半が折田に立候補を促し頭を下げたのである。さらに工事費四六〇〇億円を注ぎ込み、中之条町と同じ吾妻郡内の長野原町で工事が進められている八ッ場《やんば》ダムの建設にも折田が関与していると噂かれている。
「群馬のゼネコンの間では、折田町長は『すぐに業者の優劣に口を出したがる』と評判が良くない。しかし、どの業者もダムの関連工事は欲しい。だから、ゼネコンの業者は町長と頻繁に会っていた」（前出・町政関係者）
今回、問題となっている観劇会費用の収支のズレについて、優子は「何も知らない」と述べている。しかし、優子の元秘書はこう語る。

「秘書は皆『小渕の代理で来ました』と言って、ワインなどの物品を有権者に渡していた。優子さんが知らないはずはない。もちろん、折田さんも、すべてを背負い込む覚悟で町長の職を辞したのでしょうが、それで決着がつくとは到底考えられません」

小渕家の抱える深い闇。その全容解明には折田がすべてを語ることでしか光は射さない。

二〇一五年九月の初公判

二〇一五年九月一四日、政治資金規正法違反（虚偽記載など）の罪に問われた元秘書で前中之条町長の折田、元秘書・加辺《かべ》守喜《もりよし》（当時六二歳）の二人に対する初公判が行われ、二人は「間違いありません」と起訴内容を認めた。ここで検察側は、「虚偽記載や不記載の総額は約三億二〇〇〇万円と多額で重大」と指摘。

被告人質問で折田は、国会議員の事務所費が問題化した〇七年頃、政治資金の収支のズレに危機感をつのらせ、辻褄を合わせるための一連の資金操作を「私一人で考えた」と述べる一方、裏ガネ作りは否定した。加辺は、「政治家は集金力が力のバロメーター。見栄を張った」、さらに優子に収支報告書を見せたのかと問われると、加辺は「表紙を見せる程度。（秘書として）長い間携わっていたので、（優子は）安心していたと思う」と述べた。

そして東京地裁は同年一〇月九日、「政治資金に対する国民の監視と批判の機会をないがしろにする悪質な犯行だ」として折田に禁錮二年（執行猶予三年）、加辺に禁錮一年（同三年）の判決を言い渡した。

優子が、その判決を待っていたかのようにしておおやけの場に姿をあらわしたのは一五年一〇月二〇日。一四年一〇月に経産大臣を辞任して以来のこと。しかし、群馬の前橋の会見場に立った優子は、虚偽記載の原因になった一億円の簿外支出の内容について「資料がなく調査に限界がある」、さらに記者から今後も調査するのかと問われ、「現段階ではするつもりはない」と述べ、議員辞職はしない意向を示した。

そこには、すべてを秘書に押しつけて終わらせることを恥じようとしない典型的な二世議員のあられもない姿があった。

第三章　陰の実像

竹下登と森喜朗の秘書

竹下登を苦しめた皇民党事件

中曽根康弘《なかそねやすひろ》が第三次政権を担っていた一九八七年一〇月六日、雨の降りしきる朝、一台の黒塗りの高級車が東京・目白の田中角栄《たなかかくえい》元総理の邸宅の前に着いた。乗っていたのは自民党幹事長の竹下登《たけしたのぼる》である。

竹下によると、田中邸訪問の理由は、表向き中曽根後の自民党総裁選への立候補の挨拶ということだった。しかし、竹下は八五年二月に派中派・創政会を結成し、田中邸訪問の三カ月前には田中派を割って竹下派（経世会）を旗揚げしていた。なかでも創政会結成は角栄を激昂させ、連日のアルコールがもとで脳梗塞に倒れ、言葉を失い政治生命が絶たれる。

それを機に、竹下と病床の角栄は事実上の断絶状態にあった。それだけに、なぜ今さら角栄邸訪問をという違和感は拭えなかった。

竹下は案の定、角栄邸から門前払いを食らう。一党の幹事長で次期総裁選の最有力候補と目されていた男が何とも惨《みじ》めな姿をさらしたのだった。門前払いされても角栄邸を訪問したことが竹下にとって重大な意味を持っていたのだが、この時は私にもわからなかった。それについては後述する。

竹下の総理在任期間は八七年一一月から八九年六月までの一年七カ月と短かかったが、その後最大派閥の長として事実上、自民党を支配し「院政支配」の頂点に君臨してきた期間は一〇年余りに及ぶ。

竹下は自民党政治の負の部分を体現した政治家でもあった。数の政治、公共事業のバラマキ政治、金権政治——。自分自身の醜聞《しゅうぶん》にも事欠かなかった。リクルート事件の発覚（八八年六月）では、竹下の金庫番で大物秘書・青木《あおき》伊平《いへい》が首吊り自殺。竹下自身もリクルートから多額の資金提供を受けていたことが明るみに出て退陣に追い込まれていく。

九二年の東京佐川五億円ヤミ献金事件の際は、竹下政権の発足をめぐり陰で右翼・暴力団が関与していたことがはからずも露呈する。いわゆる皇民党《こうみんとう》事件である。事件の概要はこうだ。

香川県高松市に拠点を置く右翼団体・日本皇民党は八七年一月から自民党総裁をめざす竹下を対象に、「竹下登先生は日本一金儲《かねもう》けのうまい政治家です。竹下先生をぜひ新総裁に」などとボリュームを上げて街頭宣伝し、竹下を褒《ほ》めちぎった。言葉では竹下を応援しているように見えて、金権政治家を強調することでイメージダウンを狙った「ほめ殺し」という攻撃だった。ほめ殺し街宣は、竹下の地元・島根県や東京で約九カ月間にわたり断続的に続いた。

この波状攻撃に、竹下は精神的にかなり追い込まれる。

そこで、竹下の盟友で自民党副総裁の金丸信《かねまるしん》は八七年九月、東京佐川急便の渡辺広康社長に解決を依頼。渡辺は暴力団・稲川会会長の石井進に対し、「竹下先生は右翼のホメ殺しで足を引っ張られている。何とか抑えてほしい」と頼んだ。

竹下への攻撃中止を求める石井会長に対し皇民党・稲本虎翁総裁の持ち出した中止の条件が、前述した竹下の田中邸訪問だったのである。

これとは別に東京佐川五億円ヤミ献金事件の公判での検事調書によれば、七人の国会議員が皇民党・稲本総裁へ竹下ホメ殺しの中止を働きかけていた。金丸信、梶山静六《かじやませいろく》、小渕恵三《おぶちけいぞう》、森《もり》喜朗《よしろう》、浜田幸一《はまだこういち》、魚住汎英《うおずみひろひで》、浦田勝《うらたまさる》の七人である。中止の条件として、金丸は三〇億円、森は二〇億円を提示したが、稲本総裁は「カネで動いているわけじゃない」とこれを断ったとされる。このような働きかけの後、ようやくホメ殺しは止まった――。ただし当時、金丸、梶山、小渕、森の四人は全面否定している。

要はにわかには信じ難いことだが、竹下は皇民党稲本総裁と稲川会石井会長との条件だった田中邸訪問という約束を果たすために角栄邸を訪問したのであり、門前払いという「恥」を世間にさらした代償として自民党総裁の座を射止めたのである。言い換えるなら、陰で暴力団・右翼にコントロールされるようにして誕生したのが竹下政権だったと言えよう。

竹下は九二年一一月、皇民党事件などをめぐる国会の証人喚問で、「私という人間の持つ体質が悲劇を生んでいる。これは私自身を顧みて、万死《ばんし》に値する」と述べた。しかし、何の出来事をもって万死に値すると発したのか、竹下は口にすることがなかった。ある元右翼団体幹部はこう言う。

「皇民党事件には、現在の政権にもつながるほどの暗部が隠されているのではないか。竹下は皇民党事件のナゾを棺《ひつぎ》の中に持っていってしまった。当時、メディアは稲川会の石井会長の関与をことさらクローズアップさせて『暴力団の介入』と報じたが、果たしてそれだけだったのか。全貌が出ていない」

きっかけは森喜朗へのホメ殺し攻撃

皇民党事件から一三年の歳月が流れ、二〇〇〇年六月に竹下は他界したがその直後、私は驚くべき証言にぶつかった。証言したのは森総理の腹心で元大物秘書・安田義之である。

安田によると、皇民党のホメ殺しの裏に森総理の存在があった。そこには秘書の安田がこのホメ殺しに一枚噛《か》んでいたというのである。

安田は、森が衆院議員に初当選の六九年七月から金庫番として二〇年余にわたって仕えてきた。森とは一心同体というべき存在だったが九二年頃、森のもとを去っている。

この安田が、じつはホメ殺しを仕掛けた皇民党に情報提供をしていたというのだ。竹下の日常的なスケジュールはどうなっているのか、竹下の弱点は何か――。


いささか長くなるが、話は八二年に遡《さかのぼ》る。順を追って説明したい。

当時衆院大蔵委員長の一方で自民党県連会長だった森は、連日のように右翼団体の街宣攻撃を受けていた。この右翼団体は石川県加賀市に拠点を置く国誠会である。

国誠会は、石川県選挙管理委員会に「森喜朗輝励会」なる団体名で届け出をする。そして街宣車の横腹に、「日本一の快男児　次期総裁、森喜朗輝励会」との横断幕をくりつけ、金沢市内を駆けめぐった。後に皇民党が〝舞台装置〟として使ったホメ殺しの手口が既に五年前、森攻撃で使われていたというのだ。

私は右翼団体・国誠会の元会長・大元護と会った。

「国誠会を結成したのは八一年です。私は国をよくするために何ができるのかを考えていた。その頃、『ニューリーダー』の一人と目されるようになってきた森喜朗の金権体質は糾《ただ》さなければならないと思ったのです」

八二年五月一五日、「ニューリーダーを迎えて　明日を語ろう研修懇談会」が石川県で開かれた。この研修会には当時の渡辺美智雄大蔵大臣、中川一郎科学技術庁長官、海部俊樹自民党国民運動本部長ら「ニューリーダー」や地元選出の衆院議員の森、奥田敬和を始め約一〇〇〇人が出席した。

この研修会に合わせ、国誠会など右翼一七団体が石川県に集結。金沢市内や小松空港などで、「閣僚招聘《しょうへい》は国費のムダ遣いだ」などと街宣した。この時、国誠会は自民党石川県連に出向き、「森自民党県連会長は北陸新幹線建設促進議員連盟幹事長であり、（新幹線の）年内着工実現と未調整個所の地元対応等を巡って黒い霧を撒《ま》き散らす恐れがある」などという文面の「抗議公開質問状」を渡した。しかし、その後も何度か県連に質問状を出すも梨のつぶてだった。大元は言う。

「のきなみ無視されたんです。この時、森を徹底的に攻撃しなければならないと考えた」

大元の師匠は皇民党・稲本総裁である。大元はその稲本の指導を仰ぐため高松へ向かう。

「私が『森をやる』と言うと、稲本総裁は『そうか、やってみいや』と言ってくれた。で、その手口だが、皇民党は既に香川県議のホメ殺しをやって効果をあげていた。私は、『ヨショ、これだ』とホメ殺しで攻めていくことにしたんです。国会議員のホメ殺しは森が初めてで、稲本総裁はどのような効果が出てくるのかをじっくりと観察していました」

敵陣に単身飛び込む秘書

一方、四十代前半にして党県連会長を務め権力の階段に足をかけていた森は、このホメ殺し攻撃に弱り果てていた。ここで動いたのが、森の金庫番の安田秘書だった。

安田は大元のもとを訪ね、「何とか止めてほしい」と頼み込む一方で、単身高松市の皇民党本部へ飛んでいる。国誠会の指導・相談に乗っているのが皇民党・稲本総裁だということを知ったからである。

一方、大元へは先の中川一郎が仲裁に入りホメ殺しの中止を求めた。大元の従兄弟が中川と親しく、その関係から中川が大元に、「森は、うちの若い者だから仲良くしてくれないか。よろしく頼む」と言ってきたのだった。

結局、国誠会の大元と森の「手打ち」の場は都内のある料亭にセットされた。大元が語る。

「料亭に行ったら当時、中川の秘書だった鈴木宗男と森がいたんです。で、すぐに森が隣の小部屋に席をはずし一〇分近く電話をしている間に、鈴木は私に『おカネにしますか、森に土下座させますか。どちらがいいですか』と聞いてきた。私は（「手打ち」に）腹が立っていたので『どちらもいらん』と言った。すると鈴木が、『それでいいですね』と言うから、私は『いいよ』と答えた。後は森が席に戻ってきて一緒にメシを食った。森が私に何か言ったわけでもない。狡《ずる》い男なんですよ」

さらに国誠会のホメ殺し中止にはもう一つの舞台があった。場所は、東京・永田町のキャピトル東急ホテル（当時）の一室。皇民党・稲本総裁が上京の際利用していたホテルで、人一倍大きな体軀を折り曲げ畳に額をすりつけんばかりにお辞儀をする男がいた。森である。森が稲本に頭を下げていたのだ。その場には安田も同席していた。

森へのホメ殺しは終わった。

しかし、このストーリーは終わりではない。

それから五年後の竹下のホメ殺しにとって森の件は伏線に過ぎなかったということができるからだ。大元が言う。

「八七年の竹下ホメ殺しでは、竹下の行動スケジュールの情報を森側から得ていたんです。秘書の安田さんがそれをやってくれた。私も国誠会として皇民党と一緒に島根県の街宣に出ました。その直前、安田さんに電話を入れて、『稲本総裁が竹下ホメ殺しをやる。竹下の行動日程などの情報を稲本総裁や皇民党に入れてやってくれ』と言ったんです。安田さんは了解してくれました。

行動右翼の活動の勝負は三割〜五割が独自のルートで入手した情報で決まるんです。攻撃相手の前にしつこく、どこにでも現れて追いかけまわすには精度の高い情報が不可欠。それを安田さんはやってくれたし、稲本総裁も安田さんを（情報提供者として）理解していました」

さらに、国誠会の行動隊長だった池田勝利はこう言う。

「稲本総裁から私に直接、『安田さんと連絡を取ってくれ』と電話があって、安田さんに繋いだことも三回ほどある。安田さんは森側を通じて得た情報を提供していたわけだし、竹下ホメ殺しが功を奏したのも安田さんの功績が大きいですよ」

池田は安田と何度も会って食事した。その際、安田から経世会（竹下派）の動向、竹下の弱点などについて話を聞き、その内容を大元に伝えていたという。

皇民党との「手打ち」

私は安田にコンタクトを試みた。ようやく東京郊外の閑静な住宅街で会った安田は、背が高く細身の体軀ながら眼光の鋭い初老の男だった。私の問いかけに、安田は重い口を開き時に興奮した面持ちで語った。

――森さんのホメ殺し中止の依頼のため、安田さんが高松の皇民党本部を訪れたのですか。

「森の地元後援会幹部らから、『（ホメ殺しの街宣を聞き）森は右翼を〝味方〟につけたのか。

何を血迷っているんだ』と抗議の電話が相次いで入るようになったんです。これには森も困った。私は森に、『一人で高松の皇民党に行ってくる。カネでは解決にならない。俺に任せてくれ』と言った。森自身は『そうか』としか言わなかったが、私は東京・銀座の高級果物店・千《せん》疋屋《びきや》で手土産に一万円ほどのメロンを二個買い、高松に向かったんです」

――そして皇民党本部では誰と会われたのですか。

「当時、ナンバーツーの大島竜珉さん（後の皇民党総裁）が応対してくれました。私はそこで大島さんに、『あなた方の民族運動の発露は義にあると理解しています。義とはやむにやまれぬ衝動にあるのではないですか。初当選を前に森は私に、靖国神社の前で〝俺は政治家になる。政治のためなら命をさし出しても惜しくない〟と誓った男です。あなた方の民族運動の義と、森が政治家になると言った時の志と、どこが、ちがいますかといったようなことを縷々《るる》と述べ、ホメ殺しの中止を頼んだんです。大島さんは『わかりました』とだけ言いました。私は本当にそれまでの緊張がドッとほどけ、帰ってきて森に報告したら、森は喜んでいたんです」

――都内の料亭、それからキャピトル東急ホテルと二度にわたり「手打ち」の場がセットされたと聞いていますが。

「（森と大元が会ったという）料亭の件は知らない。キャピトル東急の件はもちろん覚えています。高松ではナンバーツーの大島さんに頼んだだけでした。稲本総裁にお礼を言わなくてはならないので、私と森が稲本総裁に会った。森は、『ありがとうございました』と頭を下げていました。稲本総裁は多くを語りませんでしたが、私から見て民族運動の指導者として判断力、統率力のある人だと敬服したものです」

この安田の証言は重要な事実を示している。じつは森と稲本総裁とはこの時を機に面識があったということだ。だからその後、竹下のホメ殺しをめぐり稲本とすでに面識のあった森が皇民党との折衝に名を連ねていたことも頷《うなず》けなくもない。ところが、森は自身のホメ殺しの際の一連の経過について事務所を通じこう全面否定のコメントをしていた。

「（森のホメ殺しの）街宣の時は代議士本人から『かかわりを持つな』と事務所に指示しており、代議士と稲本氏らが接触した事実は絶対にない」（「読売新聞」九二年一一月二一日付）

安田の骨を折った働きによって森のホメ殺しが中止されたにもかかわらず、森はその功労者の安田が虚言を呈しているとでも言うのだろうか。しかも森はなぜか、皇民党との関わりのあった過去を必死になって消し去ろうとしているかのようだ。

私は最後に、もっとも重要な点を安田に質した。

――安田さんは皇民党側に竹下さんに関する情報を提供していたのですか。

「それは絶対にない。私は、自死した（竹下の大物秘書）青木伊平さんと親しかった。その私が、竹下さんの情報を流すわけがない。全面的に否定します。（国誠会元行動隊長の）池田さんとは、何度も会ったりしたこともない。

ただ私は稲本さんや大元さんの右翼としての思想を忌み嫌っていたわけではない。実際に大元さんとは三回ほどメシを食っている。が、情報提供したということはない」

このように安田は自身の情報提供について全面否定するが、皇民党サイドとの接触は認める。再び大元の話を聞いた。

「安田さんの名誉のために言うが彼自身、国を憂いていたんです。このまま『竹下支配』が続き、政治が金権体質で腐敗していくことを何とか食い止めなくてはならないという気概を持っていた。だから、われわれの力になってくれたんです」

安田は否定したが、森のホメ殺しが中止となった五年後の竹下のホメ殺しの際、森の「分身」とも言える安田が皇民党関係者と密接な関係にあったことは疑いようがないだろう。仮に安田が意識していなくとも、折々に彼が話した内容が竹下ホメ殺しの貴重な情報として使われたことを、一方の当事者たちがこれほど明らかにしているからである。

皇民党との関係を否定する森喜朗

もう一度事の経過を振り返り補強したい。重なる記述も若干あるが容赦願いたい。

右翼団体・日本皇民党は八七年、竹下登を対象に「竹下先生をぜひ自民党新総裁に」というホメ殺しの街宣を繰り返していた。

竹下の盟友・金丸信自民党副総裁は八七年九月、東京佐川急便渡辺広康社長に解決を依頼。渡辺は暴力団・稲川会会長の石井進にホメ殺しの中止を頼んだ。

皇民党の稲本虎翁総裁の条件は、竹下が元総理・田中角栄邸（東京・目白邸）を訪問することだった。その条件を呑《の》み角栄邸を訪れる前夜、竹下は金丸を前に、

「どうせ、ダメなんだ。総理大臣になれっこない」

と語った。金丸は涙を流しながら、

「何を今さら弱気になっているんだ」

と励ましたという。

一方、森喜朗と皇民党を繋ぐ接点があった。森の金庫番で大物秘書の安田である。

竹下のホメ殺しから遡《さかのぼ》ること五年前の八二年五月、右翼団体・国誠会（石川県加賀市）が森を対象にホメ殺し攻撃を仕掛けていた。森の「金権体質」を糾すためだった。国誠会元会長・大元護は、師である皇民党・稲本総裁の指導を仰ぎながら街宣行動をしていた。

私は、大元に長時間インタビューできた。

大元によると、森のホメ殺しの中止をめぐり仲裁に入ったのは中川一郎衆院議員だった。大元の従兄弟と中川が親しかった縁だ。その従兄弟に対し稲本総裁は、「おまえが出てきたら

（大元）護が断われなくなるだろう。なんということをするんだ」と怒ったという。

さらに、私は森の元秘書・安田義之に会い詳細な話を聞いた。安田によると、キャピトル東急ホテル（東京・永田町）で森と稲本総裁が会った。森は自身のホメ殺しを中止してもらったことに対し稲本に頭を下げている。

大元によると、それから五年後の竹下のホメ殺しではこの安田から得た竹下の行動スケジュールなどの情報を逐一稲本総裁へ伝えていた（安田は否定）。それはホメ殺しを成功裡《せいこうり》に導くために欠かせない情報だった——。


森の総理としての資質を改めて考える時、これらの証言は重要な意味を帯びてくる。ひとつは、森と稲本総裁は少なくとも五年前の八二年、森自身のホメ殺しの件で会い面識があったという点だ。

東京佐川急便事件の検事調書によると、大島竜珉総裁はこう供述している。

〈金丸の代理人からは「三〇億円で手を引いてくれ」、森からも「二〇億円で手を引いてくれ」という話があったと（稲本総裁から）聞いている〉

〈森には「金で動いているわけではない」と断った〉

さらに、検事調書における東京佐川急便・渡辺広康社長の供述はこうだ。

〈仲介に立った故石井進・稲川会会長（九一年九月死去）は「稲本総裁によれば、森喜朗や浜田幸一らが『金はいくらでも出すから妨害を中止して欲しい』と哀願してきたが、皇民党は逆にこれをテープに取って、街頭宣伝に使う予定だったらしい。恐ろしいことを考えている」と教えてくれた〉

彼らの供述が額面通りだとすれば、森らは「カネはいくらでも出すから……」と言って右翼団体と闇取引に持ち込もうとしたことになる。尋常な神経ではない、自民党政権の未だ解明されない暗部といえるが、これらの供述に対し、森はメディアを通じて真っ向から反論した。

「まったく不可解な話。安倍派だった私が、総裁選で安倍（晋太郎）さんを抱えてどうしてそんなことをしないといけないの。稲本氏とは会ったこともないし、大島氏と面識もない」（朝日新聞九二年一一月六日付）

さらに、森は「週刊現代」（九二年一一月二八日号）のインタビューでこう語っている。

「稲本（皇民党総裁）という人物が総裁だったことも、その人が死んだということも知らなかった。石井（稲川会会長）という名前は聞いたことがあるけれども、皇民党とどんな関係があるのかも知らない。（中略）しかも、ことは本人が20億円を提示したという話でしょう。そこまで具体的なことをいっているなら、検事は裏付けをとって法廷に出すのが常識ですよ」

「私は（検察の告訴を）やります。手ぬるいことはしない。（中略）告訴しなきゃ。身の潔白が証明できないんだから」

その後、森は永田町で前代未聞とも言える検察への提訴をしたのか、私は寡聞にして知らない。

一方、繰り返すが安田は私に対し、森と二人で皇民党の稲本総裁と密会し畳に額をすりつけんばかりに森が頭を下げたことを証言している。この密会がきっかけになり、稲本総裁との間でその後の竹下ホメ殺しの情報提供というパイプができたのではないか――。私はそう考える。

浦田勝の証言

私は、森らと並んで竹下ホメ殺し中止のため皇民党との接衝に名を連ねた政治家の一人、元参院議員・浦田勝に彼の出身地、熊本で会った。浦田はこう切り出した。

「森総理は包み隠さずに話すべきだ。隠そうとするから、いつまでも追いかけられ、つきまとう」

そして、当時の出来事についてこう述懐した。

「皇民党のホメ殺し攻撃に竹下さんは本当にまいっていた。一方で竹下さんはどうしても総裁選に出たいと言う。田中派で同じ釜のメシを食った仲間だし助けたいと思った。総裁選を前に東京・赤坂の料亭『満ん賀ん』で、竹下さんに便箋《びんせん》に『田中（角栄）さんを守ります』と一筆書いてもらった。それを持って皇民党へホメ殺し中止を頼みに行ったんです」

結局、浦田が皇民党総裁代行（当時）の米沢烈山と会ったのは八七年一〇月、場所は東京・赤坂の料亭「明石《あかし》」だった。浦田と米沢はこのような会話を交わしたという。

浦田「皇民党の街宣は、自民党の信頼を損なわせ、ひいては外交にも影響する。野党に塩を送るようなものだ。何とか止めてほしい」

米沢「(師匠の田中元総理に背いて竹下の派を割るような）裏切りはやってはいけません。竹下を許せず、私らは羽田の埠頭で自炊をしながら街宣を続けているんです」

浦田は言う。

「私はこのように志を貫ぬこうとする右翼がいるのかと思った。簡単には治《おさ》まりそうになかったんです。誇張でなくもし、あのままホメ殺しが続いていたら、竹下政権は誕生していないだろう」

皇民党のホメ殺し攻撃は、まさに竹下に重くのしかかった問題だったのである。しかも、そのような重大事に森の分身とも言うべき人物が関与していた。

東京地検・河上和雄元特捜部長（当時）はこう指摘する。

「森総理は、自分と竹下さんのホメ殺しに関わっていたことをウヤムヤで終わらせた気でいるようだが、『週刊現代』（二〇〇〇年七月一五日号）が報じたように一〇年以上前のこととはいえ問題に決着はついていない。

旧来の保守政治家には右翼と結びついている人もいるし、その政治家がいいと言う国民もいるのは事実だから、一概にその関係を否定しない。しかし、森さんはことさらに『皇民党とは無関係だ』と強調していた。今からでも遅くない。森さんは総理として国民に答える責任があるでしょう」

私は森に対し、「皇民党・稲本総裁および、国誠会大元会長の右翼団体代表と本当に面識はないのか」と改めて質した。回答は、

「一度もお会いしたことはありません」

というものだった。なぜ否定するのだろうか。大元は言う。

「（前述したように）森総理は私と会ったことが恥ずかしいとでも言うのか。私は（森のホメ殺し中止で）森と料亭で会った時の名刺を今も持っている。当時の肩書は大蔵委員長だ。本当に私と会っていないと言うなら、森はそのことを直接、私の前で言う覚悟があるのか。（文教畑出身の）森は教育を語る前に、人間としての生き方を自ら学ぶべきではないか」

それにしても国と竹下派支配を憂い、森の将来のために物怖じせず右翼団体との接衝に単身、

飛び込むような秘書は今の時代、皆無に等しいのではないか。より問題なのは、森自身にその安田に報いるたった一言の言葉すら持たないことだった。悲しい人である。

金丸信と竹下登の決裂理由

不仲のはじまり

竹下元総理の金庫番・青木伊平が東京・代々木の自宅マンションで自殺したのは一九八九年四月二六日のことだった。

その数日前、伊平は経世会（竹下派）会長・金丸信を訪ねている。金丸は憔悴《しょうすい》しきった伊平に、「竹下が総理になれたのも、あなたがいたからじゃないか。絶対気を落としちゃ駄目だよ」と声をかけた。そのとたん、伊平は頭を下げたっきり絶句し男泣きに泣いたという。

五八年、佐藤栄作元総理の派閥で互いに一年生議員として知り合った竹下と金丸は、それから盟友関係を結び、「竹下総理」実現のために走ってきた。伊平はその尖兵《せんぺい》だった。

「青木さんは、長年抱き続けてきた竹下像が実は『虚像』だったとリクルート事件の渦中で見せつけられ、その無念さから『主人』に抗議の自殺をしたのではなかったか」（全国紙政治部

記者）

金丸も、伊平のように竹下の隠された実像を見せつけられたのか、ちょうどこの頃から竹下、金丸の不仲説がしきりに囁《ささや》かれるようになった。なぜ、刎頸《ふんけい》の友であるはずの二人の間に秋風が吹くようになったのか。永田町界隈で聞かれることといえば、

「竹下は辞任直後に指名した宇野宗佑《うのそうすけ》内閣の参院選（八九年七月）で自民が過半数を割るという大敗をし、金丸はその後、『消費税はリコールにあったようなもの』と爆弾発言、消費税導入を強行した竹下にクギを刺した。金丸は『一〇年は続く衆参ねじれ現象で苦労しなくてはならなくなったのは竹下のせいだ』という思いも強い。それが不仲説の底流にある」（竹下派議員秘書）

だが、それだけだろうか。竹下派幹部はこう言う。

「竹下は再び総裁の椅子に座りたいという願望でギラギラしている。しかし、角栄や中曽根の時代ならまだしも、竹下にその可能性はまずありえない。金丸は竹下のそういう野望が気に入らんのですよ」

実際、金丸番記者もこう言う。

「再び竹下が総裁の座なんて論外ですね、政界復帰だけでも難しいというのに。金丸は、『今さら何を言うか』と竹下を忌《い》み嫌っている。総裁へのステップとなる経世会の会長職を譲るつ

もりはない」

しかし、竹下の野心は消えそうにない。となれば不仲説は一転、「竹下・金丸戦争」にエスカレートし竹下派分裂の危機もあり得るのではないか。政治部記者らの見方は分かれた。

「竹下、金丸は佐藤派を飛び出し角栄に走った。そして、その角栄を裏切って派閥・経世会を結成。今度は竹下が金丸から裏切られる番だ。裏切りは政治家の宿命です。金丸が、経世会会長を退く頃に竹下派は分裂状態に突入していくのではないか。竹下もその辺を射程に入れて水面下工作をしているんでしょう」

一方、分裂はあり得ないという永田町関係者は語る。

「竹下、金丸とも派閥あっての権力だということが誰よりもわかっているはず。分裂したら力は拡散する。最大派閥を保つため、不仲状態にどこかで手を打つのでは」

姻戚関係の両家

そもそも、二人が不仲に至る理由は何なのか。

二人は勝手に離別することはできない。つとに知られるように両家は姻戚関係にあるからだ。六九年一〇月、竹下の長女で共立女子短大卒・二二歳の一子《いちこ》と、金丸の長男でＮＨＫ記者・二五歳の康信《やすのぶ》が結婚する。翌年、衆院選で五期目の当選を果たした金丸は、「われわれは何のために汗をかいているか。わが子のためだ」と謳《うた》った。竹下の長女が嫁いだことによる新たな閨《けい》閥《ばつ》の誕生でもあった。金丸康信・一子の結婚式を祝った角栄は「金丸君と竹下君、竹下君と金丸君は表裏一体でございまして……」と、表裏一体という言葉を二度、三度と繰り返したという。

結婚から七年後、康信夫妻は東京から山梨・甲府のマンションへ移った。康信が、父・金丸が会長（非常勤）を務めるテレビ山梨に入局したためだ。当時竹下は建設大臣、金丸は国土庁長官を経ていた。

二人は、田中軍団の中でも「血の結束」を誇ってきた。しかし、実際のファミリーの内情はどうなっているのだろうか。都内ホテルのバーで会った竹下派議員秘書は囁いた。

「康信が女遊びが原因で一子と別居中と言われている。離婚も真近なようで、かなり前からスッタモンダしてきたようだ」

驚いた。どこにでもありそうな夫婦のいざこざ話とはいえ、もし康信夫妻の不和が原因で両家の姻戚関係が壊れるようなことがあったら――。

取材を進めると、ファミリーの間もただならぬ関係にあった。ある全国紙政治部記者によると金丸家の「女帝」に遠因があるという。金丸夫人・悦子はファミリーを知る周りから「女帝」と呼ばれていた。

「金丸の女房・悦子と、竹下の女房・直子は冷戦状態らしい。悦子はきつい性格で、以前竹下の側近から聞いた話ですが、直子さんが金丸家に菓子折りを届けに行って『つまらないものですが』と差し出したら、悦子さんは『つまらないものは結構です』とピシャリ言ってのけたらしい。悦子さんは竹下とそのファミリーを嫌っているんじゃないですか。康信夫妻が上京しても、金丸家より竹下家に行く回数が多いんだから。一〇回のうち二、三回しか金丸家の方へ行かないはずですよ」

夫人同士の不仲もあるというのだ。金丸夫人の悦子は、金丸が常にナンバーツーで裏方に徹していることから中央政界の表舞台に顔を出すことはほとんどない。が、山梨では金丸の代理として遊説し、「かなりのやり手」(地元紙記者)という評判だ。山梨出身の衆院議員秘書は「大奥」と称し、旧田中派の議員秘書は「陰のファーストレディ」と言う。ところが、なぜか彼女の来歴を知る人はほとんどいない。

ベールに包まれた金丸夫人・悦子

金丸が一四歳下の悦子と再婚したのは六一年六月。悦子は北海道出身のようだが、金丸と所帯を構えるまでの過去の足跡は空白だ。金丸側近も、「それは言えない……。ただ結婚当時、悦子さんの母親が横浜駅前で料亭の女将をやっていたようだ」と言うにとどめた。なぜか、彼女の来歴は謎のベールに包まれている。金丸ほどの実力者にしてはめずらしいことだ。

金丸の前夫人・玲子は、金丸が当選してから一カ月後の五八年六月、狭心症で急死した。後に金丸は長い政治生活で一番辛く、悲しかったことは、「玲子が死んだことだった」と語っている。残されたのは康信・信吾・吉宗という三人の息子で、康信は高校一年、信吾は中学二年の時だった。多感な時期に若い母親を失ったのである。

悦子と前夫人・玲子を共に知る人は、「悦子と玲子は性格が正反対。悦子は男性的で、玲子はひかえめで古風な女だった」と話す。それは悦子と竹下夫人・直子にもあてはまる。「悦子が積極的、直子は控え目」と言われる。「金丸邸に出入りするには、悦子さんに気に入ってもらわなくてはならない。金丸さんはすぐ本心を言わないので、悦子さんから、どう金丸さんが受け取ったのかの感触を探るわけです」（竹下派秘書）

悦子の逆鱗《げきりん》に触れ、金丸邸に出入り禁止になったと言われる国会議員の一人にハマコーこと、浜田幸一がいる。かつて金丸の「親衛隊長」をもって任じ、衆院予算委員長という要職に就きながら八八年、共産党宮本顕治《みやもとけんじ》議長を「人殺し」と叫んで国会が空転。竹下内閣は窮地に立ち、金丸は浜田の委員長就任を周囲の反対を押し切ってゴリ押しした手前、金丸へ党内の責任追及の火の粉が及ぶことは必至だった。浜田は委員長辞任を求める金丸に耳をかさず、怒った悦子が浜田の金丸邸への出入りを禁止にしたという。

「そもそも駄目なものは駄目とはっきり言う気性の悦子が、話の核心をノラリクラリとかわす竹下と合うわけがないでしょう。島根の田舎から出てきた直子も竹下がタッタッタと権力の階段を駆け登る間にファーストレディとしての訓練をしていなかったのか、おおやけの場では口数が少なくツーンとした印象を与えてしまう。一方悦子は、とにかく愛想を振りまくのがうまい。美人ですしね。竹下・金丸の閨閥のイニシアティブは悦子が握っているんじゃないんですか」(竹下派秘書)

私は康信夫妻との不和の真相と、悦子の素顔を知りたくて山梨・甲府に飛んだ。

康信夫妻が「離婚の危機」という情報は何度も流れ、地元メディアの間では「公然の秘密」になっていた。全国紙甲府支局のキャップは語る。

「ファミリーには金丸の後継者問題が絡んでいるんです。金丸の後継者と目されているのは康信、信吾の二人のどちらかで、どちらにするかは金丸邸のトップシークレットだ。金丸が後継者問題に触れることは事実上の引退表明を意味する。網の目のように築かれた県・議会・市町村、建設・土木業界の『金丸支配』はガタガタ揺れてしまうんです」

金丸王国の要《かなめ》・後援会「久親会」は建設業者らを中心に約一万五〇〇〇名が所属。地元は二男の秘書・信吾が仕切っているものの、〝金丸後〟を誰にするかが決まらず縛《しば》りがかかっている状況だ。しかも、康信にはかねてから離婚の噂が燻《くすぶ》っていた。

　康信夫妻が、甲府駅からタクシーで一〇分程の荒川沿いに越してきたのは一〇年程前だった。子どもは娘、息子の二人。自宅は中央本線高架下のガードをくぐり、線路に沿って三分ほどの閑静な所。畑に出ていた老夫によると、一帯は一五年前まで田圃でそれから、住宅は二〇軒ほどになった。康信の家屋は外壁が茶褐色で覆われ、二階には望遠鏡がポツンと置かれていた。

近所の小料理屋の主人は子どものＰＴＡの縁で一子を知っていた。

「一子さんは最初、とっつきにくくてね、『私は竹下の娘』という雰囲気だった。変わったのは数年前からかなあ、授業参観で突拍子もないことを言って娘さんにこんこんと意見されたらしい。それから変わった。ここに竹下さんが来たことは一度ある。総理を辞めてからサクランボ狩りに来て、その帰りに寄ったんです。ただ悦子さんが来たことはない。一子さんは義母の悦子さんが煙《けむ》たいんじゃないですか、どこにでもありますから嫁姑問題は。

　康信さん自身も悦子さんは嫌みたいです。そりゃあ、実母は忘れられんでしょう。男は母親への思いが強いですからね。ただ康信さんは、金丸さんから『実家（生家）に入れ』と言われているらしく、行々は実家のある甲府郊外の白根町に行くんでしょう」

　隣家の主婦が玄関先で佇《たたず》みながら言った。

「うちの娘と一子さんの娘さんが同級生でしたから。娘さんに『別居』の噂が流れているのは耳に入っている。健気《けなげ》にも『おじいちゃん（金丸）とお父さん（康信）がいろいろ言われているから私、頑張るんだ』と言ってねえ。一子さんは気さくな方で、うちの娘が家に遊びに行くと、貰い物が多いからなんでしょうねえ、箱のまま出してきて。昔で言えば〝殿様の姫〟のような方で、『敷居が高いような気も』と言ったら、『そんなことはないですよ』と笑っていました」

一子は近所付き合いを最小限にとどめ、「親は親、自分は自分」と割り切っているようだが、子どもは学校もあるしそうはいかない。金丸は「常々、『孫を泣かせるようなことはしない』と言っている」（竹下派議員）そうだが、それは泣かせるような出来事があることを暗に認めているからと見るのは穿《うが》ちすぎだろうか。

「陰のファーストレディ」

金丸の生家がある白根町は康信の家から車で二〇分ほどの所にあった。タクシーの運転手は地元での悦子の人となりをこう語る。

「悦子さんはなかなかの人。先生は選挙を何回もくぐってきたでしょうが、ざっと三〇年としてここ一〇年は『金丸の代理』の悦子さんに助けられてきた。なにしろ演説がうまい。普通国会議員の奥さんは『主人をよろしく』と頭を下げて終わりだが、こと悦子さんはちがう。『国民のため、山梨のためにと金丸はこう言っていました』と、政策めいたことをビシビシ言う。聴衆が何千人いようと決して動じない度胸を持っている。先生が先の総選挙で一〇万票を越したのも彼女の力が大きい。もう少し若かったら先生の後継者が務まるぐらいだ。地元では社会党の土井たか子さんよりも人気は高いですよ。ほら、テレビで見たけど宇野元総理の愛人だった神楽坂の芸者・中西ミツ子さんを、もう一まわり老けさせたような人」

悦子が「陰のファーストレディ」というのも肯《うなず》けなくない。金丸は公示日以外は選挙区に顔を出さず、金丸の代理として地元の遊説を一手にこなしているのが悦子である。

「気の強さは男まさり」(金丸番記者)で、田圃の脇に車を停めゴム長をはいて田圃に入り農耕仕事の農婦らと握手するのはいつも見られる光景だ。

金丸番記者は、「悦子さんが時々の政局の乗り切り方で金丸に口を出しているのを見たことはないが、国会議員の人間性を女の直観で見抜く素質は十分に持っている。金丸を陰で操る女帝という表現は決して間違っていない」と語った。

竹下・金丸ファミリーの内情

金丸の白根町の実家はサクランボや桃の畑を縫《ぬ》った小高い丘の上にあった。木塀で囲まれた木造の家は、中庭を太い松に遮られて中をうかがうことはできない。玄関脇に朽ちた木箱が掛けてあった。「警ら箱」と記され、警備連絡用に使われるらしい。

果実畑に囲まれた小さな村から中央政界に出た金丸が今や自民党の「ドン」。初陣当時から金丸と一心同体で「久親会」の長老と呼ばれる白根町長・名執《なとり》斉一と会った。町長室の壁には、中曽根元総理夫妻と金丸夫妻が談笑する光景の写真が掲げてあった。竹下・金丸ファミリーの内情について名執はこう評すのだった。

「悦子夫人はね、のっけから竹下を嫌っていましたよ。(悦子の)性格ははっきりしていますからね。ある時は『竹下さんは、金丸を利用しているばかりじゃないか』と率直に言うし、竹下が総理になる直前、『竹下さんはまだ早すぎる。安倍(晋太郎)さんに一回、やらせるべきです』と金丸先生に進言したりもしていた。金丸先生は一緒にいてフン、フンと聞いているだけですよ。悦子夫人の言うことは筋が通りもっともなんです。竹下は官僚のタテ社会に生きてきたような人間で、ホンネを容易に明かさない。これからはカネじゃなく人物評価の時代でしょう、ホンネよりもカネというような竹下を悦子夫人は気に入らんのですよ」

さらに、名執はこうも語った。

「悦子夫人は嫁の一子さんのことを、『腹で何を考えているのやら』と平然と言うのよ。一子さんが悦子夫人の前に三ツ指ついて『お母様、ようこそいらっしゃい』と言った時なんかね。

一子さんにも竹下の娘だからという気持ちが顔に出るのは隠せないでしょうが。

　私は、悦子夫人に『そりゃあ、どこの家だって嫁姑問題はあるんだ。嫁姑が合わないのは当然じゃないか。嫁というものは〝ようこそ、いらっしゃい〟と姑の前で言っても、実家へ帰れば〝お母ちゃん暑い、氷水頂戴。小遣い頂戴〟と変わるもんだよ。目くじらをたてちゃいかんよ』と言ったもんです。

　一子さんにもドライなところがあってね。私が、『康信と一緒に白根町の実家へ来るんだろう』と聞くと、笑いながら『私は田舎は嫌だなあ。まあ、昔はこの村も貧乏だったらしいからねえ』と口に出す。嫁姑問題はどこにでもあるって」

　名執は悦子や一子と何度も会っているだけにゆったりした口調のわりにその逸話は妙にリアリティがあった。悦子はかねて竹下の性分が嫌いだったが、それと同様に金丸家の嫁である一子にもいい感情を持っていないようだ。

　さらに悦子と一子について知るため、金丸側近で自民党県連の幹部と甲府の料亭で会った。幹部は「雑談だよ、雑談」と声を潜めて呟いた。

「そりゃあ、悦子さんは竹下さんを気に入らんだろうなあ。オヤジ（金丸）だって、いつだったかポツンと『竹下は〝ハイ、ハイ〟と返事だけはいいが、何を考えているのかわからん』と、こぼしたことがあるぐらいだから。金丸邸に行く客の多くは県内の建設・土木業者だよ。オヤジがいちいち話を聞くわけにもいかんでしょう。まず、悦子さんと会うんだよ。悦子さんに気に入られなければ仕事はもらえないんだ。私が見ている限り、一〇人中二人は即座にOKだが残り八人は時間がかかるね。人間性が見られるんだよ。一言で言えば『誠実』かどうかってことだな。だから、悦子さんには頭があがらないのさ。

一子のことは詳しく知らん。ただね、後継者に康信をけしかけているのは一子で、そのバックにいるのは竹下だと思うよ。オヤジと竹下は不仲状態と言われるけんど、竹下は再び総理への復権を狙っているわけでしょう。康信を引っ張り込んだ方が後々、頼りになるじゃないですか。夫婦のことだから他人にはわからんが、どんな噂があろうと一子が今、別れるわけがないじゃないですか。竹下がそうさせんよ。オヤジは『物事には順序がある』という古い考えを持つ人だからね、おそらく、後継には康信を指名してくるでしょう。竹下もその辺は読んでいますよ」

ここは康信本人にファミリーと夫婦不仲の真相などを質すしかない。ところが、メディア媒体であるテレビ山梨の役員に名を連ねているにもかかわらず、「マスコミは面白おかしく書くから」と取りつく島もない。いったん電話を切り直接、テレビ山梨に向かった。押しかけられた手前、断わるわけにもいかなかったのだろう、康信が気難しい顔でロビーに姿を現わした。私は座ったまま何も言わない康信に、不和の真偽に絞って聞いた。康信は重い口を開いた。

「……（不和の話が）一回だか二回だか何度流れたのか覚えていませんが、『別居』というのは誤報ですよ。どっから流れてくるのか。ケンカはしないわけじゃないけどね。だいたい、仲が悪いなんて表に出る話じゃないでしょう。書くことは報道の自由ですから、どうのこうの言いませんけどね」

それから彼は貝のように口を開かなかった。

一子を直撃

翌日の夕方、一子に会うために初めて自宅に訪れた。ベルを押すと康信が出た。

「勘弁してくださいよ」とドアをいったん閉め一〇分後、待たせていたハイヤーで外出した。再びベルを押すとスピッツを抱いた一子が出てきた。最初はとまどっていたが、腹を据えたのかポツリポツリと話し始めた。

「父が総理になる前、『別居』という話が流れて子ども達の耳にも入ったんです。なぜ、そんな噂が流れるのかしら。子どもが『別居と言ったって、一緒にいるじゃないか』と言うんですよ。私は旅が好きですから、よく出掛けることもある。竹下の別荘に行くこともあります。それをもって『別居』と言われるのはおかしいですよ。ただ、この噂を聞いたお義父様が、『別居している分にゃしようがねえなあ』と言ったとか。主人にも責任があるんです。記者達と飲んでいて、『もうカミさんがうるさいから帰る』と言う。それが、仲が悪いということになってしまったりするわけでしょう」

一子は私を見据えて語った。

「お義母様と会う時はこちらから出向きます。お義母様が私のことをどう思っているか知りませんが、世間で言われる嫁姑問題が起こるほど行ったり来たりする理由がありませんから。ただ私は未熟な嫁です。そりゃあ、怒られることだってありますよ。お義父様は、『孫がなぜ、もっと俺の家へ来ないんだ』と不平を口にされているようですけどね。

皆さんは父とお義父様が不仲だと言いますけど、不仲というのはどこを取って言うのかにもよると思うんです。二人は政治手法・考え方・出身地がちがいますからね。お義父様は正直な方で、父は何を考えているのか、わからないところがありますでしょ。お義父様がたとえば『竹下は気にくわん』と言ったことが、皆さんの方で不仲と見たのかもしれません。ただ娘がお義父様と食事をした時、『俺と竹下は不仲と言われるけど、そんなことはないよなあ』と言ってたらしいけどね」

さらに彼女はこうも語った。

「私は、甲府に来た頃の五年間はとても憂鬱でした。今は子どもが東京に行って正直、自分の時間が持てるようになったという気分。男女それぞれ自分の考えをもって生きるべき時代ですよね。私は私の人生を大切にしたいんです。『個』を大事にしたい。政治家の娘が今度は『政治家の妻』になるかもしれません。康信が（金丸後継で）出るか、どうか、どっちでもいいんです。

最終的には周りと主人が決めることですから。まあ、夫婦ですから何があるか、わかりません。離婚だってしないとも限りません。ただ、子ども達が一番嫌がりますよ。今はPTAとかで繋がった友人がいますから。近所付き合いをしないのは、『総理の娘』ということで、『資産があるんでしょう』『お手伝いさんが二、三人いらっしゃるんでしょう』とか言われ、それがうっとうしく感じる時もあって。資産とかそんな世間で言われるようなことがあるわけないですよね」

一子は時に眉間にシワを寄せたり苦笑しながら、最後のほうは割り切ったように語るのだった。

地元秘書の金丸次男・信吾

久親会の事務所は甲府駅近くの繁華街にある駐車場内にあった。そこで会った金丸の次男で地元秘書・信吾の容貌、仕草は金丸にどことなく似ていた。

「父は、母（悦子）がいなかったら、選挙で一〇万票もいったか、どうか。母は何事にも物怖じせず、選挙の旗開きで『この選挙は金丸信という政治家に誇りを持って堂々と戦いなさい。正面から攻めましょう』と活を入れるんです。積極的ですからねえ、竹下さんとは合わんかもしれんなあ。金丸は兄（康信）について常々、『竹下の所に婿にやったわけではない。こっちが嫁をもらったんだ』と言っていますよ」

嫁姑・女房同士の不仲状態、依然燻っている康信夫妻の別居説と、ファミリーの内側は波風が絶えない。第一の原因に考えられるのは、政治手腕のちがいだろう。

金丸は、「自民党は潰れてもかまわん。私がどうなってもいい。自由主義社会を守らねば」と大所高所から「天下国家」を論じ、竹下は「汗はかきましょう。手柄は人にあげましょう」と回りくどく迫る。その間に「正面から攻める」存在の女帝・悦子がいる。「血は水より濃し」と言うが、ファミリーの身内の性格のちがいで、いったん亀裂が入り一転、どろどろの「骨肉の争い」が持ち上がるケースはどこにでもある。竹下、金丸ファミリーもそれとまったく無縁ではないようだ。

実力派・野中広務の道程

五七歳で国政転身

元官房長官・野中広務《のなかひろむ》が京都府の出身地である園部《そのべ》町の町議・町長から京都府議・副知事を経て衆院議員に転身したのは五七歳の時だった。遅咲きながら当選わずか六回にして官房長官にまで上りつめた政治手腕は、並の政治家には到底太刀打ちができないと言われてきた。

野中の卓越した政治手腕、その人間像はどのような原風景で培《つちか》われたものなのか。それを探るために私は野中の故郷を訪ねた。

一九二五（大正一四）年生まれの野中が育った京都府船井郡園部町（現南丹市園部町）は丹波の山間《やまあい》にひろがる農村地帯である。京都駅から福知山・舞鶴など日本海方面に向かう山陰本線に乗り約四〇分で着く。途中、嵯峨嵐山の野を過ぎ保津峡を流れる渓谷の泡立つ水を眼下に望む風光明媚《ふうこうめいび》な風景の土地柄だ。

九九年一〇月四日。第二二回全国育樹祭が鳥取市で行なわれた時のことだ。皇太子夫妻が臨席し、政府を代表して官房長官（当時）の野中がその応待にあたっていた。当日の式典の直前に通り雨が降り、野中は皇太子にこう語りかける。

「この時期、日本海側はこうした雨に見舞われることが多うございます。ですから私たちのあいだでは、弁当は忘れても傘を忘れるなと昔から言うのでございます」

小さく肯《うな》づいた皇太子は、

「そういえば、野中さんは園部のご出身でしたね」

と、微笑みかけた。

園部町の田圃の一角にある野中の生家には、園部町長（在任期間七九年〜〇五年）で野中より六歳下の弟（二男）・一二三《かずみ》が住んでいる。一二三は、「野中さんの来歴について知りたい」という私の申し入れに対し多忙を理由に断り続けていたが何とか説き伏せ九九年五月、古い木造作りの町役場町長室で会った。

「兄・広務は終戦時、私から見ても痛々しいほど痩《や》せていました。その兄が園部町議選に出る時です。母は私に、『広務が万が一にも不正にかかわらないように、広務に一年分のコメを出してやってくれないか』と頼んできたんです。兄が兵隊に召集された時は、父が『広務が心配だ。高知に行って大丈夫かどうか見てきてほしい』と私に頼む一方で、我慢できずにその父自身が汽車を乗り継ぎ三日がかりで兵舎の兄を訪ねていったこともありました。

戦後、母は農耕仕事の傍ら、朝五時に汽車を乗り継いで大阪の鉄道局へ通う兄に弁当を持たせ送り出していた。その鉄道局を辞めて『町議に出たい』という兄に、母は愚知ひとつ言わなかった。私は、兄が政治の道に進んだことで母の寿命をどれほど縮めたことかと今でも時に悔やむことがあります。兄には娘が一人いますが、町長の時にまだ幼ない男の子を病で亡くしている。親に心労をかけたばかりか、実の子も失ってしまった。そうまでして兄はいったい何をしたいのでしょうか」

野中が復員して務めた大阪鉄道局業務部。当時の同鉄道局長は、後に総理に就く佐藤栄作《さとうえいさく》だった。栄作は戦前の鉄道省に入省し、四四（昭和一九）年四月から四六（同二一）年一月まで大阪鉄道局長、四七（同二二）年から運輸次官に就いている。栄作の兄は元総理・岸信介《きしのぶすけ》だ。

野中の母親・のぶえが六六歳で他界したのは、野中が京都府議を務めていた七三年のことだった。

弟が語る兄・広務

野中の生家は農家だった。野中の旧制園部中学の同級生によると、二階建ての家はなかに入るとすぐに土間で一家は板間で食事をとっていた。家の前に牛舎があった。父親・北郎は民生委員を務め、母親は早朝から晩まで農作業に追われていた。

「母は立候補した兄の投票日になると、いつも投票所の前に一番に並んで兄の名前を書いていました。今ではとうとう官房長官という遠いところまで行ってしまったが、兄は苦労もせず政治家になったそこらの二世、三世議員とはちがう。

兄は這い上がってきた。今、兄は批判にさらされている。やれ『権力欲の塊《かたまり》だ』、やれ『数の論理だ』と言われている。じゃあ、いったい兄以外の誰が、この国のために批判を覚悟の上で火中のクリを拾うんですか。小渕総理（当時）だって兄の胸の内はわからない。兄は今、孤独だと思います」

一二三の眼にうっすらと涙が滲《にじ》んでいた。

野中の一二歳離れた弟で三男の禎夫《さだお》は、園部駅から五分ほどの所で旅行会社を営んでいた。小柄な体軀が野中に似ているこの弟に、野中は少し袖を通しただけの背広や靴を譲っているという。

「私が物ごころついた頃、兄は大阪鉄道局に勤めていました。兄が一度、幼い私の手を引いて甲子園に野球を見に連れて行ってくれたことがあった。アイスキャンデーを買ってくれたのを昨日のことのように覚えています。

兄は、二世議員のように親の名前でやってきたわけじゃない。私は旅行会社をやっている関係でよく学校に修学旅行の営業に行くのですが、教職員組合の強い学校は兄の名前を聞くと何のかんの理屈をつけて結局断わってきた。兄が革新系知事・蜷川虎三《にながわとらぞう》による京都府政を攻撃し共産党系の労働組合を敵対視していたからでしょう。兄に断わられた経緯を言うと、『(会社に)堂々と自民党の看板を上げた方がいいとちゃうか』と逆に叱られました。いつだったか田中角栄先生が園部町に来られて、役場の前に立ち『野中広務はこの角栄が預《あず》かった』と演説していた記憶があります」

京都府知事・蜷川虎三は一九五〇年から七期二八年間の長きにわたり君臨した革新知事の草分け的存在だった。野中は七八年の知事選に元農水官僚・林田悠紀夫《はやしだゆきお》を擁立、革新から府政を奪還した。その後、野中は同副知事を務める。

禎夫はこうも述懐した。

「家族の食卓は大根の煮付とかでも、父は近所の施設に住んでいた戦争孤児たちを三〇人ほど家に連れてきて食べさせていた。どこで工面したのか、スキヤキの臭いのすることもあった。母は『あの子たちが食べるんだから』と、いっさい私ら兄弟の口に入れさせてくれませんでした。兄が朝五時に起きて大阪鉄道局に勤めていた頃は、何かにつけて『兄ちゃんは朝早くから頑張っているんやから』と叱られたもんです。

そして兄の選挙になると、母は父と一緒にまだ暗いうちから選挙事務所の掃除をし誰も来ないうちに帰っていた。近所の人から『あんたの母ちゃんは広務さんのことを案じて、〝息子が世話になっています〟と電信柱にまで頭を下げて歩いているんだよ』と言われたこともあります。母は、晩年は透析で入院し、『兄ちゃんは忙しくて来れんやろな』と私に寂しそうに語っていました」

人を境遇で分け隔てすることなく、わが子より他人の子に物を食べさせていた父母の姿。二人の弟が語った野中家の情景は、野中広務という政治家を知る一つの原風景にちがいない。

野中は私に呟いたことがある。

「父は人が良過ぎたんや。困っている人がいると見過ごせない性格で、すぐに他人の借金の保証人になってね。夜中に取り立ての人が来て雨戸をドンドン叩くんだ、恐かったな。でも、俺には当時でも珍しい赤い三輪車を買ってくれたのを覚えている」

一九歳の時に軍隊召集

父がわが子・広務の身を案じたという軍隊召集はどのようなものだったろうか。

野中は終戦を前にした四五（昭和二〇）年一月、一九歳で軍隊に召集された。前年にはサイパン島守備隊三万人が全滅（四四年七月）、東条内閣総辞職（同）、レイテ沖海戦（同一〇月）

で日本、連合艦隊ともに主力艦を失い、神風特攻隊が初めて米艦に突撃。野中の召集時期は、もはや敗戦の悲劇に向かって突入していく年だった。

野中は園部の隣町、亀岡駅から列車と船を乗り継いで四国の高知県に向かう。京都から野中と同乗した兵士は六人。野中は小柄で痩せていたが幹部候補生の一人だった。

高知で陸軍中部六三部隊に配属された野中はその後、同県香美郡山北村（現香南市）の護土二七五部隊に転属。香我美町は高知駅から土讃線で二〇分余りで土佐山田駅から、さらに車で一〇分ほどの高知平野のなかにある農村地帯で、すぐ目の前に土佐湾がひろがっていた。

護土には、「土佐を護《まも》る」という意味も込められていた。軍司令部は米軍が土佐湾から高知（土佐）に上陸するのを阻止し、本土決戦に備えるという作戦を立てていた。野中はその最前線に投入されたのである。

野中は、軍が借り上げた瓦《かわら》ぶきの一軒の平家で八人の同僚と寝起きを共にしていた。民家は野菜畑のなかにある土蔵のような作りだった。野中ら兵士は敵の上陸に備え、上官から命じられるままに高知平野のなかを転々と移動。壕を掘ったり、荷車で物質を運ぶ兵役に従事していた。海軍特攻隊の航空基地から南方に飛び立つ特攻兵士を見送ることもあった。現在も、高知空港（南国市）の付近には田圃のなかにコンクリートで円形状に覆った飛行機の格納庫の跡がいくつも残っている。

「高知には本土決戦のため満州に配属されていた関東軍も続々と帰還して来た。彼らは荒れていて、何かと言っては兵隊を殴り飛ばす。怖かったなあ。極端に食糧が不足していて、野イチゴなんかを食ったりして飢えをしのいだんだ。竹の筒《つつ》のような萎《しな》びた水筒を腰にぶら下げて、最後は靴の配給もなく地下タビで山道を歩いたんだ、場所を転々としてな」

野中は自らの戦争体験を私に訥々と語った。

「それでも、日本が負けるとは考えられへんかった。俺は典型的な軍国少年だったからな。遠くない所にあった海軍航空隊の基地から飛び立つ何人もの特攻隊員を見送った。終戦を知らせる玉音放送があったことも知らなかった。その日（四五年八月一五日）は山奥に物資を運び込んでの帰り道、世話になっていた民家に立ち寄ったら、そこの家の人が、『兵隊さん、ラクになったね』と言うんだ。俺は愕然《がくぜん》とした」

「負けるはずのない日本が負けた。俺は京都に帰る気になれんかった。で、坂本竜馬の像の前で死のうとしたんだ。でも、ある将校に諫《いさ》められてね。あと一年、戦争が続いていたら間違いなく中国に送られていた。南方ではない、中国だ。中国大陸へ送られていたら今の俺はいなかった。京都に戻ってきてもすぐに園部へ帰らず祇園のあたりをウロウロしていた。一〇日ほどして家に帰ったら、母親から『広務を見た言う人がおったんやで』と、えらく叱られたもんや。戦争は嫌だ、いつも俺はそう思っている」

落ち目の時に助けるのが紳士

戦後、野中は大阪鉄道局に勤める傍ら、青年団活動に飛び込んだ。奇《く》しくもこの時期、島根県飯石郡掛合町（現雲南市）で青年団活動をしていたのが後の総理・竹下登である。

京都市公民館で青年団連合会の大会が開かれたのは五二年。その際、胸に町議のバッジをつけた小柄な男がこう発言した。

「平和や民主主義を守ろうとするのはいいが、活動方針はあまりにも左翼的だ。富士山だって、静岡からも山梨からも登れるじゃないか。一つに決めるのはおかしい」

野中だった。長岡京市元市長・五十棲辰男《いそずみたつお》は述懐する。

「野中さんは、『あんな青年団ではダメだ。分裂させよう』と言って私を誘ったんです」

五十棲は野中と最寄り駅で待ち合わせ京都府内の青年団支部を巡った。共産党が率いていた京都青年団連合会に対抗し、京都青年団協議会を作ろうとしたのだ。二人はそのオルグに歩いた。山陰本線の終電がなくなり、地元の公民館にザコ寝することもあった。深夜、枕元で野中は五十棲にこう語ることがあった。

「共産主義はいかん。おまえに比べたら俺は並大抵でない苦労をしている。世の中は相手の立場に立って考えてみなくてはいかん。人間、人の感情の機微を大事にしなきゃあかんのや」

五二年十一月、全国青年団大会が東京・代々木の明治神宮競技場で開かれ、五十棲は野中と参加した。その合間をぬって野中は五十棲を永田町の国会議事堂前に誘った。野中はそこでこう呟いたという。

「俺は必ずここに来てみせるぞ」

その後、五十棲は京都府議の野中がロッキード事件後の総選挙で田中角栄や竹下登の応援に駆け巡っていた所に偶然遭遇。その際、野中はこう語ったという。

「人の落ち目の時に助けるのが紳士というものだ。ラクに当選している時になんぼ行ったってダメなんや。人は困った時に助けられたことは決して忘れないもんや」

小泉総理秘書の暗躍

沖縄国際大学米軍ヘリ墜落事件

小泉純一郎総理（当時）の首相秘書官・飯島勲《いいじまいさお》は驕り高ぶりの顔を見せる時がある。『文藝春秋』（二〇〇四年八月号）によると、〇四年六月のサミットで飯島はブッシュ大統領のローラ夫人に会った際、図らずもこう語ったという。

「アイ・アム・ア・シャドウ・プライム・ミニスター（私は陰の首相です）」

かつて小渕恵三政権時、彼を支えた野中広務はその実力振りから「陰の総理」と呼ばれた。歴代の秘書官で、国会議員でもないのに自らを「陰の首相」と誇示する人物は飯島勲を措いて他に例がないだろう。

沖縄宜野湾《ぎのわん》市の普天間飛行場を飛び立った米軍・大型輸送ヘリコプター「ＣＨ53Ｄ型機」が

墜落し、近隣の沖縄国際大学本館の壁面に激突、炎上したのは〇四年八月一三日午後二時一七分頃のことだった。

「ドドーン」と地面を揺るがす爆発音とともに炎は一〇メートル程の高さまで上ったという。全長二六メートル・重量一三トンの鉄の塊が大学の構内に真っ逆さまの状態で落ちてきたのである。周囲は炎上するヘリのもうもうとした黒煙で包まれた。

私は沖縄に飛んだ。当時、事故現場から県道を挟んで五〇メートルと離れていない住宅密集地には回転翼などのヘリの破片、校舎のブロック片、オイルなど数々の鉄の部品などが民家やアパートのガラスや壁を突き破って四方に飛び散っていた。人間に当たれば、死傷事故はまぬがれない惨状だった。

メディアによっては、「大学は夏休みで学生の姿はなかった」と報じる所もあったが、それは事実と異なる。大学の敷地内には補習授業やゼミ、クラブ・サークル活動などで一〇〇〇人を超す学生がいたのである。事故当時の様子を大学の学生自治会長である淵之上雄一がこう憤った。

「現場付近にいた学生らによると、回転したヘリがグングン自分らの方に向かって落ちてきたそうです。二五メートルのプールがそのまま頭上に落ちてくるようだったと表現した学生もいます。泣きながら逃げ転んでしまい、恐怖のあまりその場でかたまり動けなくなった女子学生もいました。悲惨な死亡事故につながらなかったとはいえ、許し難い事故でした。
ヘリが落ちて間もなく、近くの普天間基地から約三〇人の米兵が走ってきて、彼らは『CRIME SCENE DO NOT CROSS（事故現場立入禁止）』と印された黄色いテープを張りました。沖縄県警は『合同捜査』を謳いながら、学生が事故現場の内に入れないように米兵の盾となってブロックするのが仕事だったんです」

その時、淵之上委員長らは米兵らがしきりにこう叫ぶのを聞いている。
「radioactive leak（放射能漏れ）」

放射能漏れ――。米軍が、「ストロンチウム90」という放射性物質が空中に飛び散ったことを公表したのは事故から二〇日も経ってのことだった。さらに現場に駆けつけた地元消防署員らが、「ヘリの下敷きになった人間がいないかを確認させてほしい」と、何度も米軍に要請したが結局、はねつけられる始末だった。
「死傷者が出なかったのはまさに奇跡と言っていい。沖縄が本土復帰後、初めてと言っていいほど許し難い重大事故でした。しかも小泉さんの対応は率直に言って沖縄の県民感情を逆撫《さかな》でするものでした」

宜野湾市の伊波洋一《いはよういち》市長（当時）はそう振り返る。

この日、小泉はあろうことか、後に新潟県中越沖地震が起きた時と同様に映画に釘付けだったのである。

米軍ヘリの墜落事故が起きて二〇分後の午後二時三六分、首相公邸を出た小泉は六本木ヒルズを訪れ海洋生物を撮影した映画「ディープ・ブルー」を観賞している。その夜、記者団に囲まれた小泉は米軍ヘリの墜落事故などなかったように、「(映画は）素晴らしかったよ。海の迫力に圧倒されたよ」と語っている。

一方、伊波市長は八月一八日、南米から帰国した稲嶺恵一《いなみねけいいち》沖縄県知事に進言した。

「小泉総理と面会して、事故の現状を直接説明しなくてはなりません」

伊波市長自身は同日、外務省・田中和徳政務官、防衛施設庁・土屋龍司業務部長、防衛庁・北原巌男長官官房長、米国大使館・デビッド・B・シェア政務担当公使と、精力的に事故の概要の説明に回っている。

伊波市長がとくに期待を抱いていたのは小泉に直結する政府要人との面会だったが、官房長官や官房副長官クラスは対応せず、会えたのは佐藤正紀審議官だった。伊波市長は言う。

「私は小泉総理と直接会って事故の状況を説明すべきだと考えました。事故直後二度にわたって上京していますが、小泉総理は『夏休み』を理由に応待してくれなかった。失望しました。

しかも内閣府の担当者は『官邸に伝えます』の一点張りだったんです」

じつは小泉は事故の起こった八月一三日夕方から同二三日までの一〇日間、東京・高輪プリンスホテルに宿泊し「夏休み」を満喫していたのである。では、実際に伊波ら沖縄県民の思いを官邸はどのように受けとめていたのだろうか。

「総理は、宜野湾の市長に会ったほうがいいのではないか」

事故の重大さを認識していた飯島と親しい記者は彼にこう勧めていたが、飯島はこう答えたという。

「ヘリが落ちようが、雷が落ちようがいちいち（首長と）総理が会っていたら切りがない。そんなことをやっていたら、全国の市町村長の誰とでも総理は会わなきゃならないのか」

しかし、そんな軽々な事故でなかったことは誰が見ても明白だった。沖縄県民の切羽詰まった感情を小泉に届けずに、その手前で断ち切るようにしていたのは飯島自身だったのではないか。実際に夏休みの小泉が事故直後から発した言葉は、ヘリの事故とは無関係の発言に終始した。

「感動した。誰にもできない金字塔を打ち立てた」（アテネ五輪柔道で金メダルを獲った野村忠宏、谷亮子両選手に電話をかけて。八月一五日）

「よかっただろう。いつ観ても泣かされるねぇ」（歌舞伎座で「元禄忠臣蔵御浜御殿綱豊卿」

を観て。八月一六日）

結局小泉は事故から一〇日以上経った八月二五日に稲嶺知事と面会するまで事故について何らコメントすることがなかった。その稲嶺知事との面会の席でも米軍への抗議はおろか、普天間飛行場の返還など県民の要望について具体的に言及することはなかった。しかもトーマス・ワスコー在日米軍司令官は、小泉が稲嶺知事と面会した翌日、講演の席でこう述べたのである。

「人のいないところに（ヘリを）持っていった（墜落させたの意）という素晴らしい功績があったことを申し上げたい」

小泉に届かなかった伊波市長の思いは、この国を侮辱したと言うべき米軍の身内をかばう発言となって返ってきたのである。

表の首相と陰の首相

小泉が自分自身の着想をゴリ押しするための武器と言うべきものは人事にあることは論を待たない。事前に派閥へ相談などせず、独断と勘らしきもので閣僚・党執行部を決める小泉流政治に、当選回数を重ねた議員は戦々恐々とする。しかも、その決定にも「陰の首相」が影を落としている。

小泉が総理に就いて間もない〇一年六月初旬、飯島は都内で開かれたある立食パーティに出席していた。その席には野沢太三《のざわだいぞう》参院議員とその後援会幹部も出席していた。

野沢は飯島と同じ長野県辰野町の出身。しかも小泉の出身派閥・森派（当時）に属している。ある後援会幹部はそのパーティの席で飯島に向かってこう切り出した。

「そろそろ、どうかね」

飯島は含みのある笑顔で答えた。

「そうですねぇ」

後援会幹部は郷里の誼《よしみ》もあって飯島に野沢の入閣を密かに打診していたのである。しかし、この時は入閣に至らなかった。

それから二年後の〇三年五月末、都内のパーティに同じメンバーが集まった。野沢の後援会幹部は再び飯島に入閣の話を持ちかけた。しかも、そのときは飯島に懇願するようなへりくだった姿勢だったという。

「もう、野沢先生は年齢的に言っても議員としての任期はこれが最後です。そろそろ、何とかならないでしょうか」

野沢はこの時七〇歳だった。自民党の参院比例代表立候補補者の定年は七三歳になっている。

飯島はこの時も、「そうですねぇ」と一言発しただけだったが、後援会幹部は飯島の言葉のニュアンスが前回と微妙にちがうことに気づいた。飯島の雰囲気が和《なご》んでいるように感じたからである。後援会幹部は述懐する。

「あの時、『今回はいける』との感触を得ました。環境大臣とか比較的軽い役職かと思いましたが、まさか内閣の重鎮の役職をいただけるなんて思いませんでした」

〇三年一一月、野沢は第二次小泉内閣で法務大臣に就任した。その後野沢は〇四年七月の参院選に出馬せず議員を引退したが、長野県の自民党関係者によると、

「野沢さんは、飯島のお陰で大臣になれた。誰よりも本人が一番驚いたんじゃないか」

と語り草になった。この後援会幹部は、小泉が初めて厚生大臣になった八八年頃から小泉事務所に出入りし、飯島との付き合いも長かった。小泉は第二次橋本龍太郎《はしもとりゅうたろう》内閣で二度目の厚生大臣を務めたが、自民党総裁選出馬のため同大臣を辞めた九八年、飯島はこの幹部に対し、

「厚生省関係のことは私に言ってください、引き受けますから。ほとんど（陳情は）通りますから」と胸を張っていたという。

国家公安委員長の選定

飯島の陰の力を物語る逸話はこれだけでない。〇二年九月の第一次小泉改造内閣の組閣直前のことだ。飯島は定宿にしている東京・紀尾井町の赤坂プリンスホテルのコーヒーハウス「ポトマック」で、ある男と会っていた。テーブルの上には数枚の顔写真が並べられている。男は

ゴルフ帰りなのか、ラフな恰好だった。

飯島は写真を見ながら男に言った。

「どんな人が候補に上がっているんだい」

男は写真を一瞥《いちべつ》し、一枚の写真を指差して飯島にこう伝えた。

「彼がいいんじゃないか」

谷垣禎一《たにがきさだかず》の写真だった。じつは男は警察庁長官・佐藤英彦だった。警察公安調査庁・内閣情報調査室と太いパイプを持っていると言われる飯島ならではの気脈が通じた仲だった。二人は、小泉改造内閣の国家公安委員長の候補を選んでいたようだ。後に、谷垣は国家公安委員長に就いている。

もちろん最終的な任命権者は小泉であり、飯島ではない。しかし、このケースでも明らかなように閣僚の選定ひとつとっても飯島の政治力が陰に陽に見え隠れする。飯島は「俺の言葉は、小泉の言葉」と公言してきた。この国は、国民の目に見えないところで、もう一人の「陰の首相」に操られているのかもしれない。それはしかし畢竟、いびつな政権と言えるのではないだろうか。

ハンセン病訴訟

業病《ごうびょう》——。松本清張の代表作「砂の器」では主人公の父親が抱えた病気についてこう表現されている。前世での「悪行《あくぎょう》」が祟《たた》って苦しみ続ける、そんな難病の因縁を窺《うかが》わせる言葉だ。

「法務省でも『らい』の問題について啓発が必要なので、予算をお願いしました」

南野知恵子法務大臣は二〇〇五年一月二九日、島根県平田市で催された新春の集いでこう発言した。

業病、天刑《てんけい》病、癩《らい》病。ハンセン病は戦後長らく、怖ろしい遺伝病や伝染病と曲解されて伝えられこう呼ばれた。顔や手足が不自然に変形する症状から、差別的な響きの言葉が用いられた。癩とは、中世に於て身分差別された階層を指した言葉でもあった。

じつはハンセン病は戦後間もなく完治する病気であることが判明していた。しかし、歴代政府は九六年までの「らい予防法」にもとづき、患者を指定した療養所に強制隔離してきた。

私は、ハンセン病の国立療養所である東京・東村山市の多磨全生園《たまぜんしょうえん》を訪れ、ハンセン病違憲国家賠償訴訟全国原告団協議会（全原協）事務局長でもある國本衛（当時七八歳）に会った。

國本はこう憤った。

「南野法務大臣は、日本看護連盟の顧問だった人でしょう。『らい』は確かに平成に入っても法律上使われていた言葉ですが、医療現場では二〇年以上前から決して使わないようにしている言葉です。『らい』という言葉が差別用語だということを知らなかったはずはなく、そんな人が閣僚だということが信じられない。じつは、小泉純一郎政権がこの病気への偏見でわれわれを傷つけたのは、これが初めてではないのです」

どういうことだろうか。その経過をふり返ってみたい。

憶えているだろうか。小泉政権は発足直後の二〇〇一年五月、八〇％を超える高支持率を誇った。驚異の支持率を決定的にしたひとつのきっかけは、「ハンセン病訴訟」を巡る国の「控訴断念」という決定だった。

ハンセン病訴訟について〇一年五月一一日、熊本地方裁判所は元ハンセン病患者らに全面勝訴の判決を下した。

元患者たちは、長期間にわたり強制隔離政策を強いられてきた。患者と家族を引き裂きその人権を踏みにじってきた責任を問うべく、国に対し一人当たり一億一五〇〇万円の損害賠償を求める裁判を起こしていた。

これに対し熊本地裁は、遅くとも六〇年以降はハンセン病が隔離政策を用いなければならないほどの特別な病気ではなくなっていたことを認め、隔離政策の変更を怠《おこた》った厚生大臣に国家賠償法上の違反法と過失があるなどとする判決を下したのである。

既述したように小泉は期限までに控訴せず、元患者の勝訴が確定した。この小泉の決断はメディアからかつてない「美談」として報じられ、二カ月後の参院選で自民党の圧勝に結びつく。

支持率を頼りに政権を延命させてきた小泉人気の原点とも言える出来事だった。しかし、本当にこれが美談で済ませられる内容だったろうか。

原告の一人で全原協会長の谺《こだま》雄二（当時七三歳）は当時を振り返り、私にこう語った。

「あの時の国の控訴断念は、小泉さんの『英断』として報じられました。しかし、実際はちがう。小泉さんが元ハンセン病患者の味方をしてあの判断をしたわけではない。あの『英断』は我々が小泉さんを包囲し、逃げられないようにしたからこそやらざるを得ない決断だったんです。それが結果として小泉さんの人気取りに繋がったということなんです」

群馬・草津町の栗生楽泉園《くりゅうらくせんえん》に入所していた谺は、病気の後遺症で指が曲がらないのに拳を握りしめるような仕草で語気を強めて話し始めた。

元患者たちの怒り

〇一年五月二一日、首相官邸正門前の群衆から怒声が飛びかかった。

「門を開けろ。俺たちの人生を奪った門を開けるまで動かないぞ！」

「総理大臣として責任を果たせ！」

「『改革』なんて言っていながら、言っていることとやっていることがちがうじゃないか」

官邸の周辺には約五〇〇人の人だかりができていた。その中心にいたのはハンセン病違憲国家賠償訴訟の原告団で、前出の國本や谺もその中にいた。全面勝訴の判決を受けたばかりの谺らは、国が高裁に控訴しないよう小泉に働きかけるために上京していたのだ。既に小泉に面会を求める書類も送っていた。控訴の期限は四日後に迫っていた。

やがて、その熱気を帯びた群衆に近付いてきた巨漢の男が姿をあらわす。小泉の秘書官・飯島勲である。飯島は顔をこわばらせてこう言い放った。

「これは集団による暴力じゃないか。圧力だ。圧力で面会を求めるような人たちと総理は会わない。誰が来ようと総理は会わない」

飯島は群衆を門前払いにしようとしたのだった。谺は、飯島の発言に憤った。

「暴力、圧力とは何だ。国の政治的な暴力によって俺たちがどれほど抑圧されてきたか、あんたに俺たちの気持ちがわかるか！　その被害者の面会要請が何で集団による圧力なんだ」

小泉は竹下登、宇野宗佑、橋本龍太郎の各内閣で厚生大臣を務めている。谺らは、だからこそ小泉がハンセン病の隔離政策などについてどう責任を感じているのか、直接会って確かめたかった。しかし、飯島の傲岸な態度に絶望的な心境にならざるを得なかった。國本はこう言う。

「判決で、厚生大臣の過失が認められたはずなのに、飯島さんはその意味を全く理解しようとしていないのか。飯島さんの態度は、われわれが想像もしなかったほど冷酷《れいこく》なものでした」

後から来た官房副長官・上野公成は、「今日の所はお帰りください。また機会を作りますから」と取り繕おうとした。が、飯島は面会の可能性を示唆する上野の言葉にも腹を立てたようだ。上野と二人で耳打ちするように何事か揉めていて結局、その日は谺らが納得する回答を聞き出すことはできなかった。飯島の冷淡な態度は元患者たちの怒りをかき立てた。

差別と偏見に苦しめられ続けた元患者たちに冷たいのは飯島ばかりでない。その主人・小泉の信じ難い言動は元患者たちがショックを受けるのに十分過ぎるものだった。

「(判決の)全文は読んでいないが、理解はしている」

谺らが官邸前に集った翌五月二二日の参院予算委員会で照屋寛徳(当時社会民主党副党首)の質問を受けた小泉は恥ずかし気もなくこう言い放ったのである。さらに森山眞弓《もりやままゆみ》法務大臣も、判決文を読んでいないことを認めた。熊本地裁の判決から一〇日余り経っているにもかかわらず、である。谺は言う。

「小泉さんが『控訴しない』と決めたのは五月二三日です。その前日に平気で判決文を読んでいないことを明らかにしたのだから、われわれの置かれた状況を知ろうとしなかったとしか思えません。小泉さんは橋本内閣の厚生大臣の時、われわれを見下していると受けとれる発言をしたこともあった」

小泉は九八年、衆院厚生委員会で日本共産党・瀬古由起子から「らい予防法」による隔離政策を続けてきたことが人権侵害に当たるのではないか、という質問を受けた。その際、厚生大臣の小泉はこう言い放っている。

「差別とか偏見というものは、この世からなくなりませんから、現在の中でも」

小泉の言葉からはハンセン病問題に取り組もうとする真摯な姿勢はかけらも感じられなかったのである。まるで他人事だった。

話を戻そう。結局、小泉は原告の元患者らと五月二三日、首相官邸で会った。そこにはメディアで美談を演出し、支持率アップにつなげる胸算用でもあっただろう。

その日、上野官房副長官から原告側に電話があった。

「いいですか、午後四時から一〇分だけですよ」

その五月二三日、午後四時。原告らが待つ応接室に、小泉は「よおっ」と片手を上げて入って来て一人ずつ握手した。原告らは体験談を語り、その一人で幼少期に家族と隔離された老齢の女性は、「お母さんに会いたい。生きているのか、死んでいるのかも分かりません。『お母さん』と一言呼びかけたい」と泣き崩れた。小泉は聞き取れないぐらいの小さな声で、「まだ（控訴するかどうかの）態度を決めているわけではない」と呟いた。その一言を聞いた衍はすかさずに、「まだ時間があるなら、控訴するための検討をしないでください」と訴えた。

小泉が記者団に「控訴せず」の意志を伝えたのはその日午後六時過ぎのことだった。

北朝鮮拉致問題

それから四年の歳月が流れた。

しかし、谺たちの小泉への不信は消えることはない。むしろ小泉の責任を問う気持ちは日増しに高まっている。〇一年一二月、原告の元患者らは厚生労働省との間で、謝罪・名誉回復、住居や生活を保障すること、なぜ隔離政策が行なわれたのかなどハンセン病の真相を解明することなど主に四つの確認事項を交わした。いずれも国の法的責任を問うものだが、その確認から三年余り経つものの大半の約束は守られているとは言い難い。谺は言う。

「私の生活する栗生楽泉園では九人の医師のうち国立群馬大学から派遣されていた四人は〇五年四月から来なくなる。真相解明のために設置された『ハンセン病問題検証会議』も初年度で五〇〇〇万円の予算がつきましたが、翌年は三〇〇〇万円に減額され結局原告団や元患者が、自らの積立金を切り崩して活動を続けました（〇五年時点）。小泉さんは喉元過ぎればというやつで法的責任を果たそうとしない。自身の支持率を上げたら、用済みというわけですか」

小泉にとってハンセン病元患者らへの謝罪は一時的なもので、自身の支持率アップの「道具」になるか否かが問題だったのかもしれない。

北朝鮮の拉致問題への姿勢にも、同じような傾向が見えるようだ。

「いつも総理にリスクを押しつけてくるじゃないか」

飯島は、拉致被害者とその家族に同情的な報道に触れる度にこう漏らすことがあるという。

「北朝鮮による拉致被害者家族連絡会」が〇四年五月、小泉に面会を求めた際、関係者によると飯島はこう言い放ったという。

「なぜ、いま総理が彼らと会わなきゃならないのか。拉致問題だけをやっているんじゃない、核の問題だってあるんだ」

国民の負託を受けた総理が、国民のためにリスクを負うのは当然のことだろう。ましてや総理秘書官という要職にありながら、飯島がなぜそれほど高飛車な態度に出られるのか、理解に苦しむ。〇二年秋の日朝首脳会談から火がついた拉致問題が事実上、小泉政権の支持率アップに影響を与えたことは言うまでもないだろう。しかし、拉致問題が支持率の神通力を失ってくるや、小泉も飯島も急速に熱が冷めていったのではないか。

日本政府が北朝鮮から持ち帰った横田めぐみさん、松本薫さんのものとされた遺骨がＤＮＡ鑑定の結果、別人のものと判明したのは〇四年一二月八日のことだった。

それから一〇日程後の一二月下旬の夜、飯島は首相公邸で小泉と向かい合った。関係者によると、ソファーに浅く腰掛け畏《かしこ》まった飯島はこう切り出した。

「総理、お元気ですか」

「元気づけられるようなことはないけどね」

小泉の機嫌はずいぶん良かった。ほっとした飯島は本題に入った。

「党内から（北朝鮮への）経済制裁の声が上がっていますが」

それに対し、小泉はおもむろにこう話し始めた。

「じつは、チリ（サンティアゴ）でブッシュ大統領と会った際（〇四年一一月二一日）、金正日総書記の意向を伝えたんだ。金正日は、『このままの体制が続くなら、六カ国協議に応じて核ミサイルの凍結を考えてもいい』と言っている、と。日朝交渉はもはや、日朝間だけの問題じゃない。問題は拉致だけじゃないんだ」

自分たち元ハンセン病患者を指して谺は「在日日本人」と呼ぶ。国によって家族から切り離され強制的に拉致（隔離）、祖国を喪失した――。そんな思いが込められている。

元ハンセン病の患者は、前述した熊本地裁の判決があった〇一年は約四四〇〇人だったが、〇四年は約三三〇〇人に減った。平均年齢は七七歳。谺はこう訴えた。

「小泉さんは、我々が死んで物が言えなくなるのを待っているのでしょうか。我々は強制隔離はもとより、家族と縁を断ち切るために姓名を変えることを強要され、妊娠中絶から果ては生殖機能を取り除く手術まで受けさせられた者もいます。この国から強いられた言葉に出せないような体験を持つ我々が、歴史から葬り去られるのを小泉さんは待っているのでしょうか」

橋本龍太郎総理の侵し難い絆

二人の母

東京・新宿区の国立国際医療センターには一六階建ての白い高層病棟がある。その病棟がものものしい雰囲気に包まれたのは建国記念日の一九九七年二月一一日午後零時二〇分頃のことだった。

黒っぽい車が数台横付けされ、紺の背広姿の男が続々と降りてきた。トランシーバーを片手に持つ四人がしきりに周りに目を配っている。その一人が舌打ち交じりに、

「あれはまずい。どかせよ」

と怒鳴り声を上げた。それは中庭に停めてある「石焼きイモ」の軽トラックだった。三人は、石焼きイモを売っていた初老の女性を取り囲み、立ち退きを指示した。

そして午後一時近くになると、七人の男達は玄関前に半円を描く形で整列。そこへ、後部座

席に白いレースのカーテンのかかったトヨタ・センチュリーを先頭に三台の高級車が入ってきた。センチュリーから降りたのは、気難しい顔をした橋本龍太郎《はしもとりゅうたろう》総理（当時五九歳）で、後続車から降りたSPら八人がすばやく橋本を取り囲み、橋本とSPらはエレベーターで病棟の一六階に上がった。

橋本が玄関前に再び姿を現したのはそれから二時間後の午後三時。橋本の雰囲気は病棟に入る時とちがい、看護師らに笑みを浮かべ手を振るなど余裕の表情を見せていた。

翌日の朝刊「首相動静」欄には「母親の正さんの見舞い」としか記されていないが、橋本の母親・正さん（当時八二歳）の見舞いのために病棟が一種の物々しい厳戒体制下とも言うべきピリピリした状況に置かれていたのである。

橋本が総理に就いた九六年一月一一日から九七年二月までの首相動静欄によると、橋本はその一年余りで計五九回も母・正さんの見舞いを重ねている。その見舞いは土・日・祝日が多く、土・日連続というのも九六年だけで七回もあった。見舞いの時間は二時間前後が大半だが、三時間以上の日もめずらしくない。

さらに目を引くのが、九六年一二月三〇日、三一日と二日続きの見舞いだ。両日とも橋本は外務省・ペルー日本大使公邸人質対策本部に入った後、病院に直行している。これが一二月二一日、「（ペルー人質）事件への指示で頭がいっぱいだ。俺の頭は単線で、複線じゃないんだ」

と発する総理の行動だ。

九七年一月二日の場合、橋本は報道各社との年頭会見の後、病院に直行、午後一時四五分から三時間近く滞在した。その一二時間程前の午前二時五〇分頃には第八管区海上保安本部に対し、島根県隠岐諸島沖で重油を満載したロシアタンカーが沈没、大量の重油流出の可能性が高いという緊急連絡が入るという状況だった。

病練のベッドに休む母親・正さんが脳内出血で倒れたのは八八年夏で、橋本が竹下政権で自民党幹事長代理の時だった。その後リハビリ鍛練などで意識はかなり回復し、ゆっくり言葉を発し文字も書け、身内とわかると笑いかけるという。そんな母親について橋本は総理就任後の敬老の日にこう語っている。

「いつも一緒にいてあげられない寂しさは、代わりに埋めるものがない」

人の意見を聞き入れない、頑《かたく》なだ、友人がいないなどと言われる橋本の来歴を辿《たど》ると「二人の母」に行き着く。じつは正さんは橋本の実母ではなく、継母なのである。

実母は旧姓を大野、名を春と言った。春が当時大蔵官僚の橋本の父・龍伍《りゅうご》に嫁いだのは三九（昭和一二）年で、春一九歳の時だった。翌三七年七月、龍太郎を出産。ところが、その五カ月後に中耳炎がもとで他界している。

この時、龍伍は三一歳で広島税務署長だった。龍伍は旧制中学の時から、結核性の腰椎カリエスのため一一年間の闘病生活を送った。二一歳で左大腿骨切断の手術を受け全快するが、松葉杖がなければ歩けない身体になる。しかし、そのハンディにめげず旧制一高から東大へ進み、大蔵省に入省。終戦後の四九年、四二歳で衆院議員に転身し厚生大臣を二度務めた。

橋本は、幼き日をこう回想している。

「叔父が縁日に子供を連れていく時、子供達は母親に手をつながれて出かける。ところが僕には母親がいない。しょうがないからポケットに手を突っ込んでいた。そういう環境だったから、性格は暗くなかったがポツンとしていた」（『橋本龍太郎・全人像』）

政界のトップに上りつめても腹を割って話せる側近や子分・ブレーンがいないと言われる橋本を彷彿とさせる言葉だが、この幼少年期の体験を引きずるだけなら実母・春の残像をいくつになっても追い求める一種のマザコン政治家でとどまっていたのかもしれない。

春は戦前、朝鮮総督府政務総監などを務めた実力者・大野緑一郎の長女だった。橋本はその大野の初孫、手放しのかわいがりようだったにちがいない。が、春の突然の夭逝《ようせい》。つまり橋本は、橋本家と大野家の「二つの家」を行ったり来たりしながら育てられたのである。

そこで橋本は、姿形は記憶にない春の名前を脳裏に焼きつけたにちがいない。一人で拗ねるようなことがあると、いつも正から春の位牌がおさめられている仏壇を指さされ、「お母さんはあそこにいるのよ」と叱咤されて育ったという。

取材で会った橋本家の親族らは、春の面影をこう語った。

「いつも、にこにこした笑顔を絶やさない〝花のような人〟だった。親戚の中でも一番の美人だった」

二人目の母への反発

橋本の前にもう一人の母・正が現れたのは四三年。正は戦前の政友会幹事長・若宮貞夫の四女で、橋本家に嫁いできたのは三〇歳の時で橋本は七歳だった。

橋本は「二人目の母」を母とは認めず、徹底して正に反発したようだ。その心の葛藤を橋本の異母弟で当時高知県知事の大二郎《だいじろう》はこう言う。大二郎は四七年生まれで、正の実子である。

「兄は七歳までの原体験が現在の彼の精神形成をしたといっても言い過ぎではないでしょう。母（正）は何とかして兄を自分に馴染ませようとして、戦時中の物質不足の時、教科書を借りてきて色エンピツで絵を描き写し、兄に手作りの教科書を持たせたりしたそうです。でも、兄を育てた父方の祖母から『今度のお母さんはおまえの本当のお母さんじゃないのよ』と言われ、それもあって母・正への反発が内攻していた、と後年兄は私に語っていました」

反発し母として認めたくなかった正との間にその後何があったのだろうか。ひとつの逸話がある。

橋本は九六年七月二九日の自分の誕生日に、総理としては中曽根康弘以来一一年振りに靖国神社を参拝した。その理由を新聞記者から問われ、橋本はこう語っている。

「いとこが『あそこ（靖国神社）へ帰ってくる』と言って出撃していった。私にとっては心の中の問題だ。触れてほしくない」

触れてほしくない「心の中の問題」とはどういうことか。ここで言う「いとこ」とは橋本と一一歳違いで四四年一〇月、特攻隊員として南方海上で戦死した橋本源三郎のことである。橋本は彼を「源おじさん」と呼んでいたという。

じつはこの源三郎は、正に馴染めなかった橋本を慰める唯一の存在だった。橋本はこの源三郎について後の官房長官・野中広務にこう語っている。

「源おじさんは、私（橋本）が母に反発してどうしようもなかった頃、よく話に乗ってくれた。その源おじさんが特攻で南方へ出撃する直前、『龍太郎、自分の境遇が気に入らないからといって世を恨《うら》むな、すねたりするな、真っ直ぐに生きろ。思い悩むことがあったり心に迷いが出たら、これからは靖国神社へ来い』と言い残して死んでいった。今日の俺があるのは、源おじさんがいたからだ。いなかったら、俺はどうなっていたか、わからない」

源三郎の遺族によると、その日、飛行場から飛び立った彼は途中、岡山の生家周辺を一度旋《せん》回《かい》して別れを告げていったという。

つまり、橋本にとって靖国神社参拝の「心の中の問題」とは歪《いびつ》になりがちだった自身の体験から発しているというのだ。

その「源おじさん」亡き後、橋本は正を頼りにし心を開いていったのかもしれない。戦争末期、橋本家は疎開などでバラバラになることが間々あった。そんな状況にありながら、正は空襲・疎開・食料入手と必死になって橋本を守っていた。戦火の下を一緒に逃げまどった体験が、少しずつ橋本に正への親近感を抱かせたのかもしれない。

しかし終戦後の四七年、異母弟の大二郎が誕生する。今度は母・正が弟にとられたという疎外感から再び正に反発したという。その複雑な感情は、大二郎がＮＨＫに就職し家を出た七二年頃まで消えなかったようだ。

橋本が名門の麻布中学から麻布高校へと進み五六年、慶応大学法学部政治学科に入学してからのことだ。橋本は剣道部へ入部するのだが、同期によると橋本は入部当初から異様なまでに負けん気が強かったという。そのため先輩から徐々に疎《うと》まれ、稽古ではしきりにしごきの対象にされたという。同期の一人が言う。

「龍太郎はそのしごきの後、がっくりと頭を垂れて愚痴をこぼすんです。ある時は母親のことを持ち出し、『俺はオフクロが違うからだめなんだ』とか、『よく死んだオフクロの墓の前で泣いたんだよ』と言っていた。勝ち気な男が一転してメソメソ泣くんだよな。そんな生い立ちのことで感情の起伏が激しかったよ、あいつは。

一方でこんなこともあった。彼の母親から桃の差し入れがあったんですが、先輩達が一人占めして皆で食べてしまった。彼はみんなで分けるつもりだった母親の差し入れを奪われて本当に悔しかったのだろう、隅で一人で泣いていたんですよ」

二六歳で衆院選に出馬

橋本は大学卒業後二年間、呉羽紡績（現東洋紡）でサラリーマンをし、父・龍伍の急死にともない六三年一一月衆院選に出馬、弱冠二六歳という全国最年少で当選した。この頃から橋本と正の間はしっくりしてきたようだ。国会への初登院は正と一緒で、当時周りから「マザコン政治家」と囃子《はやし》立てられた。

六六年四月、橋本は正の姉の孫娘だった久美子《くみこ》と結婚。翌六七年一月の選挙後から東京と岡山県総社《そうじゃ》市の二〇年以上もの別居生活に入る。久美子夫人が選挙区の岡山を守り、橋本と正はずっと東京で同居していたのである。

正は六六年から日本ユニセフ協会の専務理事を務めていた。その元同僚は、正が元気だった頃、彼女が着ているセーターを褒《ほ》めると、「そう、これ、龍太郎が買ってくれたのよ」と喜色満面で自慢気に語っているのを覚えていた。

橋本にとって正への見舞いは、嫉妬や権謀術数が渦巻くのが日常茶飯事の政界から離れられる唯一の場所なのではないか。親しく相談できる相手もおらず孤高を気取る橋本には安息の場が他に見当らない。病室内で継母と一時の時を過ごすことが、自分自身を保つために必要不可欠だったのではないか。そこは橋本の「聖域」であり、「アジール（逃避場所）」と言うこともできる。

「母はちょっと見て『来てるな』というような顔をしている。私もそばで本を読んだりテレビを見たりしている。長話をするわけではない。でも見舞いに行くことが私の精神安定剤になっている」（『橋本龍太郎・全人像』）

誰しも幼少年期の体験を追想しながら生きている。が、橋本の場合、最高権力者でありながら、母のそばに行くことでしか安息を得られないとしたら、「日本一淋しい男」なのかもしれない。

切り札は久美子夫人

橋本龍太郎総理は九六年一〇月、小選挙区比例代表並立制導入後初の総選挙で岡山四区の対立候補の新進党・加藤六月元農水大臣（当時七〇歳）を破り一二回目の当選を果たした。

しかし、この選挙は橋本にとってもしかしたら総理の地位を脅かす悪夢になりかねないものであった。六七年の総選挙以来、因縁の対決となった加藤の攻勢はすさまじく、橋本の陣営内部からでさえ「現職の総理が落選するかもしれない」との危機感にみまわれていたのである。

その「橋龍、危うし」の状況の中で、橋本の帰趨《きすう》を左右する人物として早くから注目されていたのが橋本夫人の久美子（同五五歳）だった。実際に地元・山陽新聞（九六年一〇月三日付）は、「（橋本側の）頼みの綱は今回もやはり久美子さん。後援会は〝久美子戦略〟を練るのに懸命だ」と報じていた。

なぜ橋本陣営は、久美子を「切り札」として頼らなくてはならなかったのか。橋本が総理という立場から地元を不在にしがちだからという理由だけではない。久美子自身が、橋本を凌駕《りょうが》するような抜群の人気を持っているためだ。地元後援会の古参幹部が言う。

「龍太郎の選挙は龍太郎自身の力量ではなく、昔から後援会婦人部のパワーでもってきたようなんじゃ。龍太郎は父・龍伍（六二年一一月死去）とちがって情に疎く、気が短い。ムッとするとすぐ表情に出るし、だいたい態度が尊大なんじゃ。政治家の器が小さい。

一方の久美子さんは演説がことさらうまいわけではないが、人の心をグッとつかむ力を持っている。気さくでいつも笑顔を絶やさない。選挙で雨が降っていると雨ガッパを着て自転車で走り回るような女。真っ黒になって走る姿に土地の者らは魅かれてきたんじゃ。龍太郎はその上に乗っかっているだけじゃ」

　事実、複数の後援婦人部の元幹部らも口を揃えるようにこう語る。

「あの久美子さんが橋本先生の奥さんだからついていくんです。久美子さんはどんな時でも辛《つら》いという顔を見せたことがない。自分一人で地元の選挙を戦うのが当り前と思っているような人です」

　地元はこれまでの選挙で露呈したように、橋本の政治家としての器を冷ややかに見ているようだ。その足腰の弱さは、中央政界での華々しい経歴からは信じ難いものだった。

　原因は、ひとえに橋本自身が地元に根を張っていないからだろう。久美子一人に地盤固めを任せ、自分は地元を顧みようとしなかった冷たさが選挙民から見透かされてきたのである。

橋本夫婦の長き別居生活

　久美子は橋本と六六年四月に結婚し、その翌年から岡山に住み、橋本と二五年にわたり別居生活を続け、「橋本の代理」として「一人だけの選挙」を戦い続けてきた。しかも、その傍ら久美子は五人の子供を育てている。一方、橋本はその間、継母・正と東京・麻布のマンションに同居。その正が八八年脳内出血で入院し、家族を東京に呼び寄せる九三年頃まで独身生活を送っていたのである。

なぜ、そうも長きにわたり別居生活をしなくてはならなかったのか。

じつは、久美子に対し橋本との別居生活を命じたのは正だった。

橋本は久美子との結婚の翌六七年、二回目の総選挙を迎え四位で当選するも前回から一万票も減らしていた。その選挙（二回目）終了後、正は橋本と久美子の前で切り出したという。

「今回の選挙、私には不満があります。若いあなたたちが東京に住み、地元の方に自分に投票してくれというのは虫がよすぎるんじゃないですか。これから先のことを考えたら東京で生活するのはいかがなものでしょうか。ちゃんと岡山県総社市に居を構えるべきではないでしょうか」

国会議員の橋本が岡山に住めるはずはなく、これは正から二人への「別居勧告」に等しいものだった。この時、久美子は長女・寛子を身籠って三カ月目で、その性急とも言える別居話に橋本が異を唱えても不思議はない。が、その提案に、橋本自身は難しい顔をしているだけだった。久美子は一時茫然としたものの結局、正の忠告に従ったという。

久美子は正の姉の孫娘で橋本とは遠戚に当たる。東京・麻布で育ち、カトリック系の聖心女子学院初等科から大学へと進んだ。大学ではテニス部のキャプテンをしていたという。

つまり東京で生まれ育った久美子にとって、たった一人で子を育てながら片田舎の岡山での生活はえも言われぬ心痛を伴う日々だったことは想像に難くない。岡山で久美子と共に育った子供は末っ子の旦子《あさこ》を除き岡山県内の高校を卒業している。久美子の躾なのか、ズック一足にしても兄弟のお下りが当てられるなど質素な生活だったという。ただ子ども達が選挙の手伝いをしている姿は見たことはないという。

取材時、長女・寛子は東京の橋本事務所で働いていた元秘書と結婚。長男・龍《りょう》は岡山市の薬品メーカーに勤務。二女・厚子は慶応大学大学院に在学中で学生結婚。三女・旦子は学習院女子中等科の二年生で、橋本と公邸に住んでいた。

久美子が住んだ岡山・総社市は倉敷市に隣接した人口約五万人の町だ。二人が別居を始めて四年間、総社の家でお手伝いをした女性は言葉少なに語った。

「久美子さんの子どもへの躾はとても厳しかった。龍太郎さんが時々総社へ来ると当時幼かった寛子さんや龍君が『よそのオジちゃんが来た』と怖がって泣いていたんですよ」

食卓に橋本用の椅子もあったが、そこには雑誌が積まれ橋本の座る場所はなかった。近所の初老の男性はこう述懐した。

「龍太郎さんは総社に来ても、ちょっと帰って来たという形ですぐに東京に戻った。でも、久美子さんは愚痴ひとつこぼさなかった。総社へ来た頃の久美子さんは上品な標準語だったが、私らの使う方言や口調をまねて話すように努力していたんです」

総社の家は主のいない母子家庭のような状態だった。それは子供に微妙な影を落としたらしく、長男・龍の総社高校時代の同級生はこう語る。

「龍君は、学校で『政治家の息子』という目で見られることを異常に嫌がった。一度、派閥・経世会（竹下派）の話をしたら、ムッとして『僕は政治に興味はない。政治家になりたくない』と投げやりに言っていた」

そもそも五人もの子どもを望んだのは橋本だった。それは既述したように、橋本自身の兄弟は異母弟・大二郎だけで寂しかったという幼児体験に根ざしているのかもしれない。しかし、橋本は家族と一つ屋根の下に住む生活を望まなかった。

血よりも濃い関係

家族の揃う「家」に人一倍、憧れにも似た感情を抱いていたのは当の橋本自身のはずだ。にもかかわらず、頑ななまでに家族を寄せつけようとしなかったのは、正との「母と子」のある意味「聖域」である同居生活の場に、たとえ妻の久美子でも受け入れなかったからなのだろうか。それを感じてか、久美子はこう言い切っている。

「（正さんと橋本は）血は繋がっていませんが、血より濃い関係です」

別居生活の一方で、橋本には女性関係の醜聞が絶えなかった。妻子を東京に呼ばない中で、その醜聞は岡山にも届いただろう。耳を塞《ふさ》ぎたくなるような醜聞に久美子は耐え続けねばならなかった。一方、自民党の元閣僚は毎週末のように正への見舞いを欠かさない橋本についてこう呟いた。

「まるで正さんとの深い絆をあえて見せつけているようだ。『継母より勝るものはない』という当てつけだ」

他人には理解し難い橋本のマザコン体質は家族までをも犠牲にしてきたのだろうか。久美子の聖心女子大の同級生は、橋本が総理に就いた時、「あの人が嬉しいのなら私も嬉しい」と、ことさらに「円満夫婦」振りを自慢した久美子の姿が印象に残っていた。その同級生はこうも語った。

「久美子さんはやっぱり我慢を重ねているようにしか見えない。橋本さんの女性問題も然りで、家に『龍太郎の妻です』という不気味な電話がかかってきたこともあったようです。悩みがあっても自分の胸に飲み込んできたんじゃないでしょうか」

腹を割る側近のいない橋本の家庭はたった一人、久美子の虚実ないまぜた「政治家の妻」としての演出で支えられていたのかもしれない。取材の最後、倉敷市で夜遅く玄関先で会った橋本の長男・龍の語った一言が印象に残った。

「父と母のことは僕からは言いたくありません」

橋本龍太郎が愛した寿司屋

橋本龍太郎が、敗血症性ショックによる多臓器不全のため入院先の国立国際医療センター（東京新宿区）で逝去したのは二〇〇六年七月一日、享年六八だった。この病院はかつて入院していた母・正と総理の橋本が毎週のように会い、他人にはうかがい知れぬ「母と子」の時間を過ごした場所だった。橋本が亡くなり一周忌の日のある光景を東京・東中野の名登利《なとり》寿司の女将・佐川芳枝がこう回想している。

「橋本龍太郎元総理の定席《じょうせき》は、カウンターのいちばん奥である。そこに（久美子）夫人が座り、（長男）龍さん、（三女）旦子さんが並んだ。一周忌が無事にすんでほっとしたのか、夫人がとても元気だった。そして、

『もう、新子の季節なのねえ……』

感慨深げにつぶやいた。

『先生は新子がお好きでしたね』

というと、

『毎年、ここでいただいていたものね』

すると龍さんが、

『じゃあ、龍太郎さんの命日は『新子忌《しんこき》』と名づけますか』

『それはいいわ。食いしん坊のリュウちゃんにぴったりよね』

『桜桃忌《おうとうき》とか河童忌《かっぱき》みたいな感じですね。でも、寿司で名づけるのは珍しいですねえ』

『ほんとだわ。でも、橋本家らしくていいいんじゃない』

夫人の言葉に、みんなで大笑いになった」（『寿司屋のかみさんと総理大臣　内緒の話』）

名登利寿司の女将・佐川と橋本が知り合うきっかけになったのは亡くなる一〇年前、当時総理の橋本が佐川の書いた寿司屋の四季の悲喜こもごもを綴ったエッセイ集を読み、「一度伺いたい」との読者カードを送ったことによるものだった。既述したが、永田町界隈で腹を割った仲間の少なかった橋本は機会があってなじめた市井の家族を愛した。


亡くなってから一年余り後の〇七年一〇月、久美子夫人は追悼集ともいうべき『夫　橋本龍太郎　もう一度『龍』と呼ばせて――』を著した。

同書のなかでも、久美子が冒頭で触れた日歯連・一億円ヤミ献金事件で橋本の「無罪」を唱えたところが目を引く。久美子は、「龍は（一億円の）小切手を受け取っていなかったと私は思います。（中略）龍は本当に悔しくて、残念で、不愉快だったと思います」と綴った。

事件の概要は繰り返しになるが、〇一年夏の参院選の直前、東京・赤坂の料亭に派閥・平成研究会（平成研）から橋本元総理、青木幹雄参院議員会長、野中広務元幹事長、そして日歯側から臼田貞夫前会長ら二名の計五名が集った。

東京地検特捜部などの調べによると、その会食の席上、臼田は日本医師会元会長で平成研所属の中原爽《そう》参院議員のため、派閥の全面協力を得ようと橋本に封筒に入れた一億円の小切手を手渡した。橋本は野中に小切手を見せ、遅れて到着した青木に小切手で一億円をもらったことを告げる。臼田は重ねて、「中原をよろしくお願いします」と、橋本らに依頼。その翌日、平成研・瀧川俊行事務局長は橋本から、「はい、これ日歯から」と手渡された。瀧川はすぐに現金化したが結局政治資金報告書に記載せずヤミ献金として処理した——。

橋本は政治資金規正法違反（虚偽記載）の罪で告発されていたが結局、〇六年六月二八日に嫌疑不十分となるが、無念だったのは橋本の無罪を信じてやまなかった久美子である。ヤミ献金事件が報じられた当初の〇四年七月一七日の日記に久美子はこう綴る。

「今朝は龍がまた『会長をまた退任できなくなった』といったので、私が冗談っぽく『本当は小切手を受け取ってしまったんじゃないの』なんて言ったら、龍は『あなたにまでそう言われては』と憤慨していた」（『夫　橋本龍太郎　もう一度「龍」と呼ばせて』）

さらに、久美子は検察に呼ばれることはなかったが、検察に事情聴取されたら証言できたことがあったとしてこう指摘する。

「一時期、一億円事件をめぐる公判の中で、野中広務先生たち平成研の幹部が一四年三月に、一億円の献金を政治資金報告書に記載しないことを決めた後、心臓手術で入院中の龍を見舞って、龍に了承を得たという話が出ました。
野中先生が病室にいらしたとき、私も同席していましたが、一億円の話は全く出ませんでした」（前掲書）
つまり、野中らが証言した病室の場面は彼らのフィクションだと久美子は言うのだ。さらに、彼女はこうも言う。
「政治資金規正法の罪に問われた村岡先生も、公判でこんな証言をされていました。『一億円のヤミ献金が騒がれ始めた（平成）一六年八月に、橋本元首相が「私は何も知らない。知っていることがあったら教えてほしい」と電話をかけてきたことがあった。この電話は、私がこの件に関与していると周りに疑わせるよう、わざわざ電話をしてきたとしか思えない』
つまり、村岡先生は『橋本は小切手を受け取ったのに知らないふりをして、探りを入れるために私に電話をかけてきた』と言いたかったのでしょう。でも、龍は探りを入れるようなことをする人ではないのです。
龍は村岡先生も被害者だと思っていました。純粋に自分が知らなくて、村岡先生が何かをご存じではないか、と思って聞こうとしただけだったと私は思います」（同）
久美子の言を借りるなら、橋本自身は一億円を受けとらず、誰かが橋本にその処理の責任をなすりつけ、自分は罪から逃がれ出たということになる。その誰か、はいったい誰なのか、誰が自分に都合よく封印したのか。今もって謎のまま残っている。

総理として頂点をきわめた橋本龍太郎という男が永遠の眠りについたのは、この日歯連一億円ヤミ献金事件を巡り橋本の不起訴処分が決した直後のことだった。

主な初出一覧

第一章　裏金工作

「元側近秘書が覚悟の実名　小沢一郎『13億円略奪!』」(『週刊文春』二〇一〇年六月一〇日号)
「逆臣　青木幹雄と平成研のタブー」(『月刊現代』二〇〇六年一〜四月号)

第二章　金脈の一族

「小渕兄弟の『血塗られた秘密』を暴く!」(『週刊現代』一九九九年一一月二〇日号)
「小渕家『緊急親族会議』の重大事」(『週刊現代』二〇〇〇年一月一日・八日号)
「小渕首相秘書官の『23億円ドコモ株』は騙し取ったものだった」(『週刊現代』二〇〇〇年二月一二日号)
「消えた金庫番と小渕家の『深い闇』」(『週刊現代』二〇一四年一一月八日号)

第三章　陰の実像

『竹下ほめ殺し』情報を流していたのは森首相の金庫番だった」(『週刊現代』二〇〇〇年七月八日号)
「金丸・竹下『決裂』は身内の〝不和〟から始まった」(『月刊現代』一九九〇年六月号)
「日本の最高実力者　野中広務の正体を暴く!」(『週刊現代』一九九九年六月一九日号)
「小泉と飯島入れ替わった『主人』と『使用人』」(『週刊現代』二〇〇五年一月一二日号)
「小泉と飯島　元ハンセン病患者は怒っている!」(『週刊現代』二〇〇五年一月二九日号)
「日本一淋しい男・橋本龍太郎」(『週刊現代』一九九七年三月二二日号)

各章とも、前掲の記事に大幅に修正・加筆した。

主な参考文献

猪瀬直樹『死者たちのロッキード事件』（文藝春秋　一九八三年）
橋本久美子『夫　橋本龍太郎　もう一度「龍」と呼ばせて』（産経新聞出版　二〇〇七年）
佐川芳枝『寿司屋のかみさんと総理大臣　内緒の話』（だいわ文庫　二〇〇七年）
松田賢弥『逆臣　青木幹雄』（講談社　二〇〇八年）

その他、各紙誌を適宜参照した。

二〇一六年三月

松田賢弥

著者略歴

一九五四年、岩手県北上市に生まれる。ジャーナリスト。「週刊現代」「週刊文春」「文藝春秋」などを中心に執筆活動を行う。「『愛人』『隠し子』も綴られた便箋11枚の衝撃 全文公開 小沢一郎 妻からの『離縁状』」（「週刊文春」二〇一二年六月二十一日号）で、「第19回 編集者が選ぶ雑誌ジャーナリズム賞」の大賞を受賞。
著書には『闇将軍―野中広務と小沢一郎の正体』『無情の宰相 小泉純一郎』『逆臣 青木幹雄』『小沢一郎 虚飾の支配者』『角栄になれなかった男 小沢一郎全研究』（以上、講談社）、『小沢一郎 淋しき家族の肖像』（文藝春秋）、『権力者 血脈の宿命』（さくら舎）、『影の権力者 内閣官房長官菅義偉』（講談社+α文庫）などがある。

政治《せいじ》家《か》秘《ひ》書《しょ》 裏《うら》工作《こうさく》の証言《しょうげん》

二〇一六年四月九日 第一刷発行

著者 松田《まつだ》賢弥《けんや》
発行者 古屋信吾
発行所 株式会社さくら舎 http://www.sakurasha.com
東京都千代田区富士見一-二-一一 〒一〇二-〇〇七一
電話 営業 〇三-五二一一-六五三三 FAX 〇三-五二一一-六四八一
編集 〇三-五二一一-六四八〇 振替 〇〇一九〇-八-四〇二〇六〇

装丁 石間 淳

印刷・製本 中央精版印刷株式会社

ISBN978-4-86581-048-6